Marie Pancritius

Studien über die Schlacht bei Kunaxa

Marie Pancritius

Studien über die Schlacht bei Kunaxa

ISBN/EAN: 9783955641832

Auflage: 1

Erscheinungsjahr: 2013

Erscheinungsort: Bremen, Deutschland

@ EHV-History in Access Verlag GmbH, Fahrenheitstr. 1, 28359 Bremen. Alle Rechte beim Verlag und bei den jeweiligen Lizenzgebern.

Studien

über

die Schlacht bei Kunaxa.

Von

Marie Pancritius,
Dr. phil. in Königsberg i. Pr.

BERLIN.
Verlag von Alexander Duncker.
1906.

Vorwort.

Im Jahre 401 v. Chr. wurde bei Kunaxa, in der Ebene nördlich von Babylon, die blutige Entscheidungsschlacht zwischen dem Perserkönig Artaxerxes II. und seinem jüngeren Bruder Kyros geschlagen. Kyros war mit einem einheimischen Heere und 13000 griechischen Söldnern von Kleinasien hinaufgezogen, um die Krone Persiens im Kampfe zu gewinnen und verlor dabei das Leben. Als er gefallen war, schien auch die Sache der Griechen verloren. Sie verzagten aber nicht und erkämpften sich den Weg in die Heimat. Einer von ihnen, Xenophon, hat ihre Taten und Abenteuer in der „Anabasis" lebendig und anmutig geschildert, und weil seine Schrift noch heute den Leser fesselt, so ist ein ganzer Wald von gelehrter Literatur über dem Hinaufzug des Kyros und seinem heroischen Nachspiel, dem Rückzug der Zehntausend, gewachsen.

Um der Schlacht willen, welche dem Leben und den Hoffnungen des Achämenidenprinzen ein Ziel setzte, ist schon ein Strom von Tinte geflossen; denn da für diese auch ein Bericht von persischer Seite vorliegt — Ktesias, der griechische Leibarzt des Perserkönigs, hat darüber geschrieben — und die Abweichungen unserer beiden Berichterstatter voneinander manches Rätsel aufgeben, so wird die Aufmerksamkeit von Gelehrten und Militärs immer von neuem auf die Schlacht bei Kunaxa gelenkt.

Die Anschauungen über Personen und Ereignisse sind neuerdings ganz andere geworden. Während man früher in Kyros das Ebenbild seines großen Ahnherrn und einen echten Bekenner Zarathustras, in den 10000 Griechen eine Schar von

Helden und in Xenophon ihren Führer und einen der hervorragendsten Soldaten des Altertums sah, ist man jetzt — besonders im Auslande — beinahe zu der entgegengesetzten Ansicht gekommen. Ob wir uns ebenfalls auf diesen Standpunkt stellen können, wollen wir in Folgendem untersuchen.

Auch von den Truppenmassen, die Xenophon bei Kunaxa aufmarschieren läßt, hat die neuere Forschung wenig übrig gelassen, und es verlohnt sich wohl, zu prüfen, ob das zurzeit herrschende — im allgemeinen auch berechtigte — Bestreben, überlieferte hohe Truppenzahlen möglichst herabzusetzen, überall und jedem Autor gegenüber angebracht ist.

M. P.

Inhalt.

		Seite
Vorwort	. . . .	III
I. Xenophon und Ktesias	. . . .	1
II. Zahlen	. . . .	17
III. Die Schlacht	. . . .	31
IV. Die Truppen	. . . .	44
V. Kyros	. . . .	61
Namenverzeichnis	. . . .	79

I. Xenophon und Ktesias.

Seit Kämmels grundlegender Untersuchung: "Die Berichte über die Schlacht bei Kunaxa"[1]) haben sich die Anschauungen über diese widerspruchsvolle Überlieferung wesentlich geändert. Während Grote,[2]) Droysen,[3]) Curtius[4]) u. a. in Xenophon noch den allein zuverlässigen Berichterstatter sahen, ist, seitdem Kämmel ihn auf den Schild erhoben, Ktesias immer mehr in den Vordergrund getreten. Neuerdings glaubt man sogar ein Abhängigkeitsverhältnis zwischen den beiden primären Quellen feststellen zu können. Als Grundlage für diese von Reuss,[5]) Krumbholz[6]) und Neuhaus[7]) vertretene Ansicht dient eine Reihe von sachlichen und sprachlichen Übereinstimmungen zwischen den Exzerpten des Photios aus Ktesias, Plutarchs Leben des Artaxerxes und der Anabasis. Die gemeinsame Quelle dieser drei Texte, soweit sie sich auf den Kampf der feindlichen Brüder und seine Ursachen beziehen, sieht Neuhaus in Ktesias. Nach seiner Ansicht war Xenophon, da er erst 30 Jahre nach den Ereignissen schrieb, auf eine literarische Quelle angewiesen.

Konnten denn Xenophons eigene Erinnerungen und Aufzeichnungen nicht überall ausreichen? Er stand als Berichterstatter auf der Höhe seiner Aufgabe; zu seinen persönlichen Eigenschaften, seinem militärischen Verständnis, seiner Neigung, sich mit Dingen zu beschäftigen, "die zu hören, zu sehen, zu

---
[1]) Philologus 1876, S. 516 ff., 665 ff.
[2]) Geschichte Griechenlands V^2, 33.
[3]) Geschichte d. Hellen. I^2, I, 54.
[4]) Griechische Geschichte III, 136.
[5]) Kritische und exegetische Bemerkungen zu Xenophons Anabasis, 1887.
[6]) De Ctesia aliisque auctoribus in Plut. Artax. vita adhibitis, 1889.
[7]) Quellen des Pompejus Trogus V, 1896.

greifen sind", traten die für die Beobachtung günstigsten äußeren Verhältnisse hinzu. Er war als Freiwilliger nicht an die Truppe gebunden, verfügte über mehrere Pferde und hatte als Freund eines der Heerführer Einblick in alles, was bei den Griechen vorging. Daß er von kyreisch-persischer Seite weniger gut unterrichtet sein sollte, weil, wie Kämmel annimmt (S. 666), der Verkehr nur durch den Dolmetscher möglich war, glaube ich nicht. Sicherlich haben Mitglieder der Expedition, sowohl asiatische Griechen als auch Perser, die unter jenen gelebt, beide Sprachen gekannt;[1]) Pategyas z. B., einer der Getreuen des Kyros, benachrichtigt die Begegnenden "*καὶ βαρβαρικῶς καὶ ἑλληνικῶς*" (I, 8, 1) von der Nähe des Feindes. Nach der Anerkennung, mit welcher Xenophon von Kyros' Tischgenossen spricht, und der Tatsache, daß die Griechen Ariaios die Krone anboten, zu schließen, bestand während des Hinaufzuges ein kameradschaftliches Verhältnis zwischen Persern und Griechen. Daß jene den griechischen Kameraden vieles aus dem Leben ihres Fürsten mitgeteilt haben, ist aus dem in der Anabasis an seinen Tod geknüpften Lebensbilde ersichtlich. Die an dieser Stelle erzählten Jagdgeschichten sowie Einzelheiten über seinen Aufenthalt in Kleinasien und die Meldung, daß er Tissaphernes *ὡς φίλον* nach Babylon mitnahm, stammen keinesfalls aus Ktesias' Schrift. Natürlich hat man auch die Ursachen des Kampfes erörtert, und die Griechen waren lebhafte, wißbegierige Leute, welche diese Dinge sicher viel besprochen haben. Auch Kyros war keine verschlossene Natur und hat Klearch, welchem das Ziel des Zuges von vornherein bekannt war, die Beweggründe zu seinem Vorgehen gegen den Bruder zweifellos mitgeteilt. Xenophon hätte die Wahrheit

---

[1]) Zu diesen gehörte vielleicht Klearch. Bei der Verurteilung des Orontes wurden die Verhandlungen jedesfalls persisch geführt. Klearch war der erste, der befragt wurde. Wenn die langen Reden des Kyros bei dem Verhör über Leben und Tod dem Griechen noch einmal übersetzt werden mußten, dürften die Standesgenossen des Angeklagten davon peinlich berührt worden sein. Auch das Zwiegespräch zwischen Tissaphernes und Klearch scheint keine Zeugen gehabt zu haben; hier hätte Xenophon sie sicher genannt. Daß bei der offiziellen Verhandlung zwischen Tissaphernes und den Griechen II, 3, 17 ein Dolmetscher zugegen war, geschah vielleicht mit Rücksicht auf den Bruder der Königin, vielleicht auch zur Kontrolle des Tissaphernes, in dessen Händen ein griechisches Söldnerheer auch einmal gefährlich werden konnte.

schwerlich bei einem Schriftsteller gesucht, der sein Wissen vom persischen Hofe bezog.

Ein Tagebuch muß er geführt haben,[1]) und, wo es sich um eine außerordentliche Persönlichkeit handelt, spricht auch das Gedächtnis mit, welches beim antiken Menschen wohl eine andere Rolle gespielt hat als in unserer schnellebigen Zeit.

Wir sind auch nicht gezwungen, das Erscheinen dieses Teils der Anabasis in eine so späte Zeit zu legen. Hartmann[2]) vermutet, daß die ersten vier Bücher unter dem Namen des Themistogenes bald nach den Ereignissen erschienen und die letzten drei Bücher bedeutend später zur Abwehr geschrieben worden seien. Dürrbach[3]) wendet dagegen ein, daß der Schluß des vierten Buches dieser Hypothese nicht günstig sei und auch die Einheitlichkeit der Anabasis derselben widerspräche. Allein den Schluß des vierten Buches kann Xenophon zur Weiterführung der Erzählung geändert und die Zeit des Aufenthalts in Trapezunt eingefügt haben.[4]) Die Einheitlichkeit des Werkes, auch bei zeitlichem Abstande der einzelnen Teile, ist bei einem Schriftsteller, der sich die Lebhaftigkeit des Geistes bis ins Alter bewahrte, nicht wunderbar. Ein Tagebuch, unter dem Eindruck der Ereignisse geschrieben, wird auch diesen Büchern zugrunde liegen. In den ersten spricht Xenophon aus unbekannten Gründen von sich in der dritten Person. Als er dann, vielleicht zur Zerstörung einer Legende, die letzten Bücher schrieb, tat er es, möglicherweise um der beifällig aufgenommenen Schrift den Reiz nicht zu nehmen, in derselben Form. Die auf Ktesias bezüglichen Stellen I, 8, 26 und 27 sind ohne Zweifel unecht,[5]) und Reuss

---

[1]) von Treuenfeld, Der Zug der 10 000 Griechen, S. 109: Einen Feldzug wie diesen tagweise nach dem Gedächtnis niederschreiben zu wollen, ist unmöglich. Jeder, der einen Feldzug mitgemacht hat, wird wissen, wie bei dem ewigen Einerlei der Märsche aus einem unbekannten Dorfe in das andere das Gedächtnis für Datum usw. schwindet.

[2]) Analecta Xenophontea I, c. 2.

[3]) Revue des études grecques, 1893, S. 365 f.

[4]) Trotz seiner gegenteiligen Ansicht macht Dürrbach darauf aufmerksam, daß Hellen. III, 1, 2, wonach Themistogenes den Zug nur bis zum Meere geschildert habe, Hartmanns Hypothese unterstütze. Jedesfalls kann das Werk des Themistogenes mit der uns vorliegenden Anabasis nicht identisch sein.

[5]) Die Gründe dafür gibt Dürrbach an a. a. O. S. 363, A. 1.

kann recht haben, wenn er auch *καὶ τιτρώσκει διὰ τοῦ θώρακος* ausschalten will. Es wäre möglich, daß in der uns vorliegenden Ausgabe Xenophon selbst der Interpolator war.[1]) Mag die Anabasis nun früher oder später, in verschiedenen Ausgaben oder als einheitliches Werk veröffentlicht worden sein, ihre Vorlage, Xenophons Tagebuch, ist unzweifelhaft während des Feldzuges entstanden.

Neuhaus kann aber recht haben, wenn er annimmt, daß die drei in Rede stehenden Texte auf einen Grundton abgestimmt sind. In der Warnung griechischerseits an Kyros, sich in der bevorstehenden Schlacht der Gefahr nicht auszusetzen — Anab. I, 7, 9; Plut. Art. 8 und Phot. § 38: *Κύρου ἀπειθοῦντος Κλεάρχῳ* — klingen sie harmonisch zusammen. Wie aber ohne Zweifel Klearch hier Ktesias' Gewährsmann war, so lassen sich auch andere Mitteilungen über Kyros auf ihn zurückführen. Besonders beweiskräftig für Xenophons Abhängigkeit von Ktesias sind nach Reuss', Krumbholz' und Neuhaus' Ansicht folgende Sätze: Anab. I, 9, 29: *παρὰ μὲν Κύρου ... οὐδεὶς ἀπῄει πρὸς βασιλέα ... παρὰ δὲ βασιλέως πολλοὶ πρὸς Κῦρον ἀπῆλθον* und Photios § 58: *ηὐτομόλουν δὲ ἀπὸ μὲν Ἀρτοξέρξου πρὸς Κῦρον πολλοί, πρὸς δὲ Ἀρτοξέρξην ἀπὸ Κύρου οὐδείς*. Diese auffällige Angabe sieht aus wie ein geflügeltes Wort, welches auch im königlichen Lager entstanden und durch Überläufer den Kyreern zugetragen sein könnte, wahrscheinlich aber seinen Ursprung im Lager des Kyros gehabt[2]) hat und durch Klearch zu Ktesias gelangt ist. In beiden Fällen konnten Xenophon und Ktesias unabhängig voneinander davon Kunde haben.

Die vereinzelten sprachlichen Anklänge zwischen Xenophon

---

[1]) Der Ausdruck wäre hier angebracht, denn die Berufung auf Ktesias I, 8, 26, die zu dem, was folgt, in Widerspruch steht, wirkt wie ein Fremdkörper im Text. Merkwürdig bliebe es immer, wenn Xenophon für eine so gleichgültige Sache, wie die Namen der königlichen Begleiter, noch nach 20 Jahren auf das Zeugnis des Ktesias verwiesen und ihm wichtigere Dinge, wie den Namen Kunaxa oder die für die Griechen so ehrenvolle Verlustziffer des Feindes nicht entnommen hätte.

[2]) Darauf weist auch der Zwischensatz bei Xenophon: *καὶ οὗτοι μέντοι οἱ μάλιστα ὑπ' αὐτοῦ ἀγαπώμενοι* hin, denn jene ehemaligen Lieblinge des Königs, jetzt die Getreuen des Kyros, waren Klearch und Xenophon sicher persönlich bekannt.

und Photios können zufällig sein. Für die Übereinstimmung zwischen Plut. Art. I: Δαρείου καὶ Παρυσάτιδος παῖδες ἐγένοντο τέσσαρες und Anab. I, 1, 1, vermutet Hansen wohl richtig, daß Plutarch diese von den Grammatikern als Muster einfacher Darstellung gerühmten Worte Xenophons nachahmen wollte.[1]) Ktesias hat doch auch, nach Photios' Angabe über die Kinder der Parysatis zu schließen, diese Sache ganz anders dargestellt, und da er sehr weitschweifig schrieb, können Plutarch und Xenophon von ihm kaum den Wortlaut angenommen haben. Wie jene allbekannte Wendung Plutarch in die Feder geflossen ist, so kann er auch bei der weiteren Bearbeitung des Ktesianischen Textes — wo er sachlich mit Xenophon übereinstimmte — Xenophontische Redewendungen gebraucht haben.

Was Reuss auf Ktesias zurückführen will — die Verstümmelung von Kyros' Leiche, die Nachrichten über Aspasia —, war im griechischen Lager wohl genügend bekannt. Daß Xenophon gar für den Nachruf, welchen er Klearch hält, Ktesias benutzt haben sollte, ist ausgeschlossen; der militärische Nekrolog sieht doch gewiß nicht nach dem Leibarzt des Perserkönigs aus. Eher noch könnte Xenophon für das Geschick des Menon bei Ktesias Anleihe gemacht haben, doch hat er vielleicht in Kleinasien oder später — es zogen sich mancherlei Fäden zwischen Persien und Griechenland hin — etwas über Menon erfahren; bei alten Soldaten bleibt das Interesse für die ehemaligen Kameraden lebendig.

Keiner der angeführten Gründe zwingt uns also, die Anabasis auf andere als des Verfassers eigene Aufzeichnungen zurückzuführen.

Allein gegen seine Glaubwürdigkeit, gegen seine Verdienste um die Rettung der Zehntausend haben sich Zweifel erhoben. Weil Diodor Cheirisophos als den Inhaber des Oberbefehls nennt und man diesem als einem Spartiaten und älteren Manne die größere militärische Erfahrung zutrauen müsse, so wäre er die Seele des Rückzuges gewesen.[2]) Konnte aber die Routine eines

---

[1]) Neue philolog. Rundschau, 1888, S. 3.
[2]) Dürrbach a. a. O., S. 385 und Cousin, Kyros le Jeune en Asie Mineure, Paris 1905, S. 160 f. — Weil Cheirisophos die Vorhut führte, glaubt C. (S. 161),

lakedämonischen Heerführers der Leitung dieses Zuges, auf welchem die starren Formen dorischer Kampfesweise versagen mußten, förderlich sein? Die richtige Bewertung der Reiterei und der leichten Truppen, die schnelle Auffassung der Lage und das Geschick, jeder Veränderung Rechnung zu tragen, wären doch eher einem vielseitig gebildeten Athener, der in seiner Vaterstadt Reiterdienst getan hatte, als einem mit der Phalanx verwachsenen Spartiaten zuzutrauen.

Den Stimmen aus dem Altertum gegenüber, welche Xenophon als den Führer der Zehntausend anerkennen, ist das *argumentum ex silentio* doch nicht am Platze. Das Schweigen Diodors in bezug auf Xenophon ließe sich aus den Eigentümlichkeiten dieses Teils seines Werkes vielleicht erklären. Geographische und ethnologische Einzelheiten nehmen hier einen auffällig breiten Raum ein.[1]) Vielleicht war die von Ephoros, Diodors Gewährsmann, gewählte Vorlage mehr eine Reisebeschreibung als eine geschichtliche Erzählung. Daß Ephoros jener den Vorzug gab, liegt in der Natur der Sache.[2]) Häufig werden erst in zeitlicher Entfernung Menschen und Ereignisse richtig gewürdigt. Uns erscheint dieser Rückzug als eine in ihrer Art einzig dastehende militärische Tat; den Zeitgenossen mußte die Kunde von neuen Ländern und Völkern und besonders von den unhaltbaren Zuständen im Nachbarreiche ungleich wichtiger erscheinen als die Kriegstaten ihrer Landsleute, von denen sie in und nach dem peloponnesischen Kriege genug erlebt hatten. Selbst Isokrates betont mehr die persische Ohnmacht als das griechische Heldentum.[3]) Wo ethnologische und geographische Gesichtspunkte im

---

daß er das wichtigere Kommando hatte. Bei einem Rückzuge ist aber die Nachhut der verantwortlichere Posten. II, 3, 10 führt Klearch das Hintertreffen.

[1]) Man vergleiche die Nachrichten von den Gepflogenheiten der Karduchen XIV, 27, 5 ff., der Mossynoiken 30, 6 ff., der Makronen 29 f., die breite Schilderung des Schneesturmes, der armenischen Dörfer 28 usw. mit der kurzen Erwähnung des Überganges über den Kentrites und der vielen Kämpfe, welche die Griechen bis zum Meere zu bestehen hatten.

[2]) Die Möglichkeit, daß Ephoros Xenophons Werk nicht gekannt hätte, wäre doch auch nicht ausgeschlossen. Keinesfalls kann er es als unglaubwürdig verworfen haben. Wenn andere gleichzeitige Aufzeichnungen oder Aussagen dazu Anlaß gegeben hätten, könnten Arrian u. a., denen doch eine viel größere Literatur vorlag als uns, Xenophons Ruhm in die Wolken heben?

[3]) Wie Dürrbach (S. 384 und A. 1) Isokrates' Darstellung der Verhandlungen

Vordergrunde stehen und die Ereignisse kurz behandelt werden, tritt das persönliche Element naturgemäß zurück und verblaßt noch mehr in einer Bearbeitung, für welche jene Gesichtspunkte auch maßgebend waren. Eine gewissermaßen offizielle Persönlichkeit wie Cheirisophos wird immer wenigstens genannt werden, ebenso der Urheber e i n e r auffälligen Tat; aber die treibende Kraft in einer ganzen Reihe von Taten — deren jede einzeln bedeutend, doch in einer Kette gleichwertiger Erscheinungen so wenig auffällt wie ein hoher Berg im Hochgebirge —, der Intelligenteste in einer intelligenten Schar, einer der Mutigsten unter vielen Tapferen konnte unter Umständen ganz ausfallen, wenn auch noch nicht bei Ephoros, so doch bei Diodor.[1]) Auf sein Zeugnis hin will Dürrbach in Xenophons Angabe, daß den Führern außer Klearch das Ziel des Zuges unbekannt gewesen sei, eine Fälschung sehen.[2]) Wäre es denn nicht denkbar, daß

---

nach der Schlacht (Philippos 90—92) gegen Xenophons Glaubwürdigkeit anführen kann, ist unerfindlich. Wenn diese für die Griechen noch schmeichelhaftere Version die richtigere wäre, weshalb in aller Welt hätte Xenophon sie unterdrücken sollen? Kann man der hier durchaus unverdächtigen Aussage eines Augenzeugen die tendenziöse Auslassung eines auf rhetorische Wirkung ausgehenden Redners vorziehen? Isokrates hat von den damals umlaufenden Lesarten natürlich die für seine Zwecke geeignetste gewählt.

[1]) Diodor, der bei neu auftretenden Personen meistens das Vaterland nennt — wie (XIV, 23, 7) der Perser Tissaphernes, (19, 8) Klearch, der Lakedämonier, usw. — oder sie durch die äußeren Umstände kennzeichnet — (21, 1) Cheirisophos und (22, 5) Ariaios durch das Kommando, welches sie haben —, führt Xenophon ohne jedes Beiwort ein, wie eine allbekannte Persönlichkeit (37, 1 und 3). Es scheint auch, als ob Diodor bei seinen Lesern auf Kenntnis der Anabasis rechnet; die Fahnenflucht des Ariaios, der Leichtsinn, mit welchem die griechischen Heerführer in die Höhle des Löwen — hier wohl mehr Fuchsbau — gehen, werden in Diodors Darstellung erst durch Xenophons Erzählung verständlich.

[2]) Den Grund der Fälschung findet Dürrbach (S. 369) in dem Bestreben Xenophons, die Unterstützung, welche er dem persischen Prinzen zuteil werden ließ, seinen Landsleuten gegenüber möglichst zu verkleinern. War es aber für Athen nicht noch ungünstiger, wenn durch Unterwerfung der Nachbarvölker Kyros' Stellung in Kleinasien befestigt wurde, als wenn er in Susa Weltpolitik trieb? Daß Xenophon überhaupt m i t Kyros kämpfte, mußte in Athen verstimmen; hat doch auch Sokrates, ohne das Ziel zu kennen, die Verhältnisse so aufgefaßt. Daß Dürrbach (A. 3) nun gar die Möglichkeit, Persien könnte die Verbannung Xenophons gefordert haben, in Betracht zieht, zeigt, wie die gelehrte Forschung ein altorientalisches Weltreich noch immer mit den Augen der Griechen betrachtet. H. Winckler (Helmolt, Weltgesch. III, 142) kommt mit der Annahme, daß die griechischen Kriege in Susa kaum für wichtiger gehalten wurden als Aufstände in Armenien, den Tatsachen wahrscheinlich näher als G. Cousin, der dem Kyros Mangel an Takt vorwirft, als er mit 300 griechischen Söldnern

die primäre Quelle des tertiären Berichts der Führung ferner als Xenophon gestanden und den falschen Glauben der Soldaten, daß die Führung Kyros' Pläne kannte, geteilt hätte? Auch Diodors Darstellung von der Führerwahl XIV, 27, 1: Als sie (die Soldaten) aber von niemanden beunruhigt wurden, wählten sie mehrere Führer — erscheint Dürrbach viel wahrscheinlicher, als daß ein jüngerer Mann, der keinen regulären Dienst tat, in jenem kritischen Augenblick die Herrschaft über die Geister gewann.[1]) Diodors Darstellung ist aber psychologisch unwahr. Auch dem Blödesten unter den Soldaten mußte es klar sein, daß jene Ruhe die Windstille vor dem Sturm war. Da richtet sich die Menge nur an dem Mute einzelner auf, und es entscheidet die Persönlichkeit, nicht Alter und Rang.

Die Widersprüche in dem Verhalten der Soldaten gegen Xenophon, die wechselnde Stimmung des Heeres, als unbekannte Gefahren nicht mehr drohten, liegen in der menschlichen Natur, in den Launen der Menge. Wenn sich unter 10000 Menschen immer einige finden, die sich Xenophon widersetzen, so spricht das noch nicht gegen seine Popularität im Heere.[2])

Auch Xenophons spartanerfreundliche Geschichtsschreibung wird gegen die Glaubwürdigkeit der Anabasis ins Gefecht geführt. Läßt sich denn ein großer Soldat und ehrlicher Berichterstatter nicht auch ohne den weiten Blick des Historikers denken?[3])

---

nach Susa reiste und durch den Anblick des „traditionellen Feindes" das persische Nationalgefühl beleidigte (S. 53f.). Ein Eroberungsstaat wird zwar an allen Grenzen als „Erbfeind" betrachtet werden, seinerseits den Nachbaren aber schwerlich die gleiche Ehre erweisen.

[1]) Dürrbach a. a. O. S. 375 A. 2 sieht Xenophons Zurückhaltung beim Hinaufmarsch nur als Kunstgriff für die spätere Wirkung an. Ist es nicht wahrscheinlicher, daß, so lange Kyros und Klearch da waren, Xenophon keine Gelegenheit hatte, irgendwie einzugreifen?

[2]) Vgl. Cousin a. a. O. S. 207f. Xenophon konnte doch nur an die Gründung von Kolonien denken, wenn er durch seine Verdienste um das Heer Macht über dasselbe gewonnen hatte. — Weil er den Oberbefehl, den er aus Rücksicht auf die Spartaner abgelehnt hatte, später von Kleander veranlaßt, annahm, glaubt Dürrbach (380), daß dieses Kommando ihm von den Truppen gar nicht angeboten worden war. Hier liegt doch aber nur ein Irrtum auf seiten Xenophons, nicht ein Widerspruch in der Erzählung vor. Daß Xenophon das Vertrauen des Heeres besaß, wird doch dadurch bewiesen, daß auch Sparta dieser Tatsache Rechnung tragen mußte.

[3]) Daß Xenophon die Dinge nicht tendenziös entstellte, sondern durch eine gefärbte Brille sah und Ereignisse, über die er aus eigener Anschauung

Das von Dürrbach gepriesene Geschick Xenophons, seiner Erzählung das Gepräge der Wahrheit zu geben, liegt wohl nur darin, daß er die Wahrheit erzählte. Man gewinnt aus der ganzen Sachlage den Eindruck, daß die Erlebnisse der kyreischen Griechen den Zeitgenossen bekannt waren.[1]) Xenophon hätte also seinen guten Ruf bei der Mitwelt opfern müssen, wenn er einer fernen Nachwelt Sand in die Augen streuen wollte. Wenn wir weiter nichts wüßten, als daß die Griechen sich von Babylon bis zum Schwarzen Meer durchschlugen, und daß der Verfasser der Kyrupädie an dem Zuge teilnahm, so würden wir wohl vermuten, daß derjenige, der „die ewigen Grundsätze der Kriegführung zum ersten Male systematisch und anmutig entwickelt" hat, in dieser heroischen Heerfahrt eine bedeutende, wenn nicht ausschlaggebende Rolle spielte.[2]) Und wir fanden keinen stichhaltigen Grund, seine widerspruchslose, überall sachlich begründete Darstellung abzuweisen.

Anders steht es mit Ktesias. Fabelsucht und Kritiklosigkeit sind ihm schon im Altertum vorgeworfen worden. Die neuere Forschung geht noch weiter. Neuhaus (17 f.), gestützt auf die Ergebnisse von Krumbholz' Quaestiunculae Ctesianae,[3]) beschuldigt ihn, zur größeren Ehre des Kyros und der Spartaner die Geschichte gefälscht zu haben.

---

oder guter Quelle berichten konnte, in den Vordergrund stellte, hat Breitenbach (Hellenika, Einleitung) nachgewiesen.

[1]) Xenophon erinnert II, 6, 28 an allgemein bekannte Dinge. Wenn Menons Taten und Abenteuer offenkundig waren, wie konnte dann Xenophon sich Verdienste zuschreiben, die er nicht hatte?

[2]) Dürrbach 385 zweifelt an Xenophons militärischen Verdiensten, weil er weder vor- noch nachher eine bedeutende Stellung eingenommen hat. In einer festgegliederten Gesellschaft wird wohl manches Talent unterdrückt, welches sich frei von dem Drucke aller aus politischen und sozialen Gegebenheiten hergeleiteten Autorität Bahn brechen würde. Es gibt auch Menschen, die wenig Initiative haben und ihre Fähigkeiten erst zeigen, wenn die Verhältnisse sie dazu zwingen. Bei Xenophon waren sie darnach, ihm das Hervortreten zu erschweren, und seine vielseitigen Neigungen, Landwirtschaft, Jagd, Wissenschaft, erleichterten es ihm, militärisch passiv zu bleiben. Eher müßte es bei Cheirisophos befremden, daß er sich Klearch unterordnete, während er als Spartaner ein geborener Heerführer war und als älterer Mann schon den Ruhm eines Lysander hätte erreicht haben müssen, wenn er die militärischen Talente besaß, die die Leitung des Rückzuges erforderte. Xenophon hat dafür in seinen Schriften Zeugnis abgelegt.

[3]) Commentationes phil. Leipzig 1888, S. 197 ff.

Krumbholz führt aus, daß nach Ktesias,[1]) nach welchem Kyros erst nach dem Regierungsantritt Dareios' II. geboren sei und dann noch zehn Geschwister gehabt hätte, Artaxerxes — gestorben im Alter von 94 oder 86 Jahren — 30 oder 22 Jahre vor Kyros und 40 oder 32 Jahre vor dem jüngsten Kinde der Parysatis geboren sein müsse. Nach Aussage landkundiger Reisender aber dauere die Fruchtbarkeit der Perserinnen vom 10. bzw. 13. bis höchstens zum 35. Jahre. Ferner wäre Kyros erst 15 oder 16 Jahre alt gewesen, als er nach Kleinasien geschickt wurde. Hier waren die Verhältnisse so schwierig, daß man den Oberbefehl einem Knaben wohl kaum anvertraut hätte.

Da endlich Xenophon in der Einleitung nur von zwei Kindern, dem Könige und Kyros, spräche, so könne nach Anab. I, 9, 2 — Kyros wäre mit seinem Bruder zusammen erzogen — der Altersunterschied nur gering gewesen sein. Krumbholz kommt zu dem Schluß, daß Kyros vor dem Jahre 433 geboren sein müsse. Den Zweck dieser Fälschung will er in Plut. Art. II: καὶ γὰρ εἶχεν εὐπρεπῆ λόγον ἡ Παρυσάτις, ᾧ καὶ Ξέρξης ὁ παλαιὸς ἐχρήσατο, Δημαράτου διδάξαντος, Ἀρσίκαν μὲν ἰδιώτῃ, Κῦρον δὲ βασιλεύοντι Δαρείῳ τεκεῖν sehen, diese Notiz müsse daher auf Ktesias zurückgeführt werden. Die Parteigänger der Parysatis wären natürlich bestrebt gewesen, den Aufstand des Kyros zu begründen, und der spartanerfreundliche Ktesias sei in Verfolgung dieser Absicht vor einer Fälschung der Geschichte nicht zurückgeschreckt. In Susa hätte er es nicht wagen können, aber den Griechen gegenüber durfte er sich diesen kühnen Betrug schon leisten. — So weit Krumbholz.

In Susa durfte Ktesias natürlich nicht auf Glauben rechnen, durfte er es aber in Griechenland? Kyros war mit 13 000 Griechen nach Babylon gezogen, hatte mit Lysander und anderen Spartanern zu einer Zeit verkehrt, in welcher der Unterschied des ihm zugeschriebenen und seines tatsächlichen Alters besonders auffällig gewesen wäre. Unter den asiatischen Griechen hatte er jahrelang gelebt und sich auf Reisen gezeigt. Es gab auch in Susa Griechen, Phalinos und seine Söldner z. B. Man mußte in

---

[1]) Photios 49. Müller, Herodotausgabe Didot.

Griechenland über die persische Königsfamilie hinreichend unterrichtet sein.

Welchen Zweck hätte Ktesias verfolgen sollen? Wäre Kyros siegreich gewesen, dann hätten wenigstens seine Nachkommen diese Fälschung verwerten können. Sie hätte aber auch dann nur für Susa Zweck gehabt; die Gesinnungen der Griechen gegen Kyros waren doch wohl nur durch seine Stellung zu den Spartanern bedingt. Daß diese um seiner gerechten Sache willen Kyros unterstützten, haben sie gewiß selbst niemandem einreden wollen. Nun war Kyros tot, er hatte keine rechtsfähigen Erben hinterlassen, die Spartaner hatten die Kyreer verleugnet; es lag in den politischen Verhältnissen also nicht der mindeste Grund zu einer Fälschung vor. Geschichtsfälschungen werden überhaupt nur zugunsten der siegreichen Partei vorgenommen.

Von den Mitlebenden wäre Ktesias unzweifelhaft als Fälscher erkannt und bezeichnet worden, und von diesem Verdammungsurteil würde wenigstens eine Spur auch bis auf uns gekommen sein. Statt dessen schreibt Plutarch, daß der sonst unzuverlässige Ktesias über die Verhältnisse der königlichen Familie Bescheid wissen müßte. Diodor XIV, 19, 2 nennt Kyros einen $\nu\varepsilon\alpha\nu\iota\sigma\kappa o\varsigma$; er folgt Ephoros, dessen Lehrer Isokrates, Kyros' Zeitgenosse, war.

Jene von Photios überlieferte Angabe klingt aber unwahrscheinlich, wenn man auch – wo es an ärztlicher Kontrolle und Statistik fehlt – eine physische Unmöglichkeit nicht behaupten kann. Ein Fälscher sucht seine Aussage möglichst wahrscheinlich zu gestalten; wäre dies für Ktesias – wenn er die Griechen über den allgemein bekannten Kyros täuschen konnte – nicht ein Leichtes gewesen? Die ganze Schwierigkeit liegt möglicherweise in einem Irrtum des Photios, wie er bei wenig übersichtlichen, weitschweifigen Angaben vorkommen kann. Doch gibt es noch zwei weitere Möglichkeiten, deren eine Krumbholz selbst andeutet und wieder fallen läßt.

Nöldeke[1]) schließt aus Xen. Oecon. 4, 16, wonach Kyros den Königstitel führte, daß wie bei den Sâsâniden auch bei den

---

[1]) Gött. gel. Anz., 1884, S. 294.

Achämeniden die Prinzen-Statthalter Könige genannt wurden.[1]) Wenn Dareios II. König war, ehe er „König der Könige" wurde,[2]) dann könnte Kyros' Geburt früher anzusetzen sein, doch dürfte man Diodor XIV, 19, 2: *ὁ νεανίσκος* nicht außer acht lassen.

Auf eine andere Möglichkeit weist Schottin[3]) hin, welcher aus den Altersverhältnissen der königlichen Familie in aufsteigender und absteigender Linie und aus der Leichtigkeit, mit welcher Artaxerxes die Strapazen des Kadusierkrieges (Art. 24) ertrug, schließt, daß er höchstens 73—74 Jahre alt wurde. In der Tat gewinnt man aus den renommierenden Reden des Kyros über seine größere Leistungsfähigkeit im Trinken, Reiten, Jagen usw. (Art. 6) den Eindruck eines Wettstreits zwischen zwei jüngeren Männern.

Wir sind indessen nicht gezwungen, in dem Bruder, mit welchem Kyros erzogen wurde (Anab. I, 9, 2), den König zu sehen. In der Vorgeschichte zum Bruderkriege spricht Xenophon natürlich von den Kronprätendenten, hier aber, in dem Lebensbilde des Kyros, welches er als selbständiges Stück in den Schlachtbericht einschiebt, fällt jene Voraussetzung fort. Diese Biographie spricht aber für Kyros' Jugend. Xenophon berichtet ausführlich über seine Kindheit, seine viel versprechenden Anlagen, seine ersten Heldentaten auf der Jagd. Auch Diodor XIV, 19, 2 und Plutarch VI sprechen von den außerordentlichen Anlagen des Kyros, also nur von Zukunftshoffnungen, nicht von Taten.

Ktesias scheint den Prinzen schon als Kind gekannt zu haben (Art. II). Von einer standesgemäßen Heirat wird auch nichts berichtet. Krumbholz vermißt trotz seiner Bedenken gegen das argumentum ex silentio bei Xenophon einen Hinweis auf

---

[1]) In: Schrader, Keilinschriftl. Bibliothek IV, S. 260 A 1, weist F. Peiser, auf juristische Urkunden gestützt, nach, daß im ersten Jahre des Kyros „Königs der Länder" Kambyses König von Babylon war. Eine Bestätigung dafür scheint in der zweimaligen Erwähnung des Kambyses in Kyros' Inschrift (Abel-Winckler, Keilschrifttexte 44 ff.) zu liegen. Da nur der Herrscher, der am Neujahrsfeste die Hände des Gottes ergriff, die Krone Bêls rechtmäßig trug, so hat Kambyses den Vater im ersten Jahre vertreten. Wir haben also schon zur Zeit der Gründung des Reiches einen Prinzen-Statthalter, der den Königstitel führte.

[2]) Die Genauigkeit, mit welcher die Titel der Vorgänger eines Königs in altorientalischen Inschriften angegeben werden, zeigt, daß man scharfe Unterschiede machte.

[3]) Observationes de Plut. vita Artaxerxis. Bautzen 1865, S. 10 ff.

Kyros' erstaunliche Jugend (198). Auf seinem Kriegszuge war Kyros in einem Alter — 22 oder 24 Jahre —, welches mit Umsicht und Vorsorge wohl vereinbar ist. Mit 20 Jahren übernahm der Große Kurfürst die Regierung und Nelson das Kommando eines Kriegsschiffes.

Die Lage der Dinge in Kleinasien kennen wir nur in griechischer Auffassung. Wir wissen nicht, ob man in Susa nicht größere Interessen im Osten hatte, und können leicht die Wichtigkeit der griechischen Wirren für Persien überschätzen. Wenn Kyros erst 16 Jahre alt war, als man ihn nach dem Westen sandte, so hat man seinem Auftrage gar nicht so große Bedeutung beigelegt. Es kam vielleicht auch nur darauf an, den Prinzen durch hohe Stellung bereits in früher Jugend auszuzeichnen.

Prüfen wir nun jene Angabe Plutarchs, so wird ihre Zurückführung auf Ktesias schon dadurch mißlich, daß, wie Smith[1] nachweist, die Anwesenheit des Demaratos in Persien vorausgesetzt wird, während derselbe nach Ktesias' Exc. 23 mit Xerxes zusammentraf, als dieser schon König war.[2] Bei Herodot VII, 3 ist die Situation doch wesentlich anders. Dareios I. war Privatmann, Dareios II. ein Königssohn; der Sohn der Atossa wurde durch die Mutter mit dem Gründer des Reiches verbunden, während Artaxerxes und Kyros Söhne einer Mutter waren. Herodots Erzählung ist überhaupt nicht unbedenklich. Bei der hohen Ausbildung des Königtums im Orient waren die Perser, welche in Elam Erben einer uralten Kultur wurden, auf spartanisches Vorbild schwerlich angewiesen. Daß Demaratos' Rat ausschlaggebend war, bezweifelt Herodot selbst.

Nach Plut. Art. 28 und 30 und Xen. Kyrup. VIII, 7, 11 scheint der König, dem Charakter des patriarchalischen Staates entsprechend, den Thronfolger selbst ernannt zu haben. Durch Herkommen, vielleicht auch Familienrecht, wurde der älteste Sohn wohl bevorzugt, denn Art. 26 treten die Billigdenkenden für denselben ein.

---

[1]) Study of Plut. life of Art., S. 8.
[2]) Krumbholz S. 202 glaubt an ein Versehen des Abschreibers und will πρῶτον durch πρότερον ersetzen. Eine gute Konjektur, aber Krumbholz ist zu derselben doch nicht durch eine im Text selbst liegende sprachliche oder logische Unmöglichkeit veranlaßt worden.

Hätte Kyros in seiner Geburt einen Rechtsgrund gefunden, so hätten seine Freunde, Xenophon an der Spitze, diesen in den Vordergrund gestellt, und Photios hätte die Hauptsache schwerlich unterschlagen. Wahrscheinlich hat man in Susa nichts davon gewußt.

Wenn wir also Ktesias' persönliche Glaubwürdigkeit gelten lassen können,[1]) so nötigt uns der von ihm oft gezeigte Mangel an Kritik doch seinen Mitteilungen gegenüber zur Vorsicht. Auch die äußeren Verhältnisse, in welchen er sich befand, waren zur Einziehung zuverlässiger Erkundigungen wenig geeignet. Der Ausländer gewinnt nur schwer das Vertrauen der Orientalen, und Xenophon war, da sich das Mitteilungsbedürfnis auf langen Märschen und in der Erwartung des Kampfes besonders geltend macht, den persischen Kameraden gegenüber günstiger gestellt als Ktesias an einem Hofe, den zwei feindliche Mächte, Parysatis und Stateira, beherrschen. Die höfische Darstellung vom Tode des Kyros zeigt recht drastisch, was hier offiziell verbreitet wurde. In diesem Falle konnte Ktesias allerdings die Wahrheit feststellen.

Für die militärischen Vorgänge kann der königliche Leibarzt neben Xenophon kaum in Frage kommen. Es ist auch wenig wahrscheinlich, daß er von Klearch einen Bericht über den ganzen Verlauf der Schlacht empfangen hat, denn viel Gelegenheit zur Mitteilung dürfte sich den beiden Griechen nicht geboten haben.[2]) Kyros, um dessentwillen vielleicht von Parysatis etwas zu hoffen war, stand dem Interesse beider näher.

---

[1]) Plut. Art. 13 beschuldigt ihn, offenbar gelogen zu haben, weil Xenophon ihn bei der Gesandtschaft des Phalinos nicht nenne und ihn doch gekannt haben müsse. Wenn Xenophon später wirklich von Ktesias' Werk gehört, es vielleicht auch gelesen hat, so folgt doch daraus noch nicht, daß er damals schon etwas von Ktesias wußte. Xenophon nennt auch nur die Namen derer, die bei jener Verhandlung aktiv waren. In jenem kritischen Augenblick verfolgt er die Verhandlungen nicht als künftiger Geschichtschreiber, sondern als einer, dessen Zukunft von dem Ausgange derselben mit abhing, interessierte sich also nicht für Nebenpersonen. Da er II, 1, 14 von denen, die sich zum Könige unterwürfiger stellten, so spricht, als ob er nicht Ohrenzeuge war, so können sich um die einzelnen Mitglieder der Gesandtschaft verschiedene Gruppen gebildet haben. Ktesias hat auf jenem Ritt schon Gelegenheit gehabt, das Schlachtfeld, auf welchem die Griechen lagerten, zu sehen und die Zahl der Toten abzuschätzen.

[2]) Daß die Ephoren dem Kyros Verstärkungen schickten (Diodor XIV,

Aber nicht nur qualitativ, sondern auch quantitativ sind wir bei unserem persischen Gewährsmann im Nachteil. Wie summarisch Photios verfahren ist, zeigt ein Vergleich zwischen seinem kurzen Schlachtbericht (§ 58) und der Erzählung von Kyros' Tod bei Plutarch (Art. 11). Und hier verrät sich noch Plutarchs kürzende Hand in einer Naht zwischen den Berichten von der Verwundung des Königs und Kyros' Tod;[1]) denn jene erfolgte am Tage, dieser, nach Ktesias, als es schon dunkel war.[2]) Ktesias muß die Ereignisse sehr ausführlich geschildert haben.

Teile seines verlorenen Berichts sind in sekundären und tertiären Relationen erhalten. Daß er für die Geschichte des Kyros und seines Feldzuges im wesentlichen Plutarchs Quelle war, haben Krumbholz, Neuhaus u. a. erwiesen. Es ist auch sicher, daß Ephoros für diese Dinge aus Ktesias geschöpft hat,[3]) und auf ihn geht nicht nur Diodor, sondern, wie Neuhaus[4]) nachgewiesen hat, auch Justin zurück. Ich glaube aber nicht, wie Kämmel und Neuhaus wollen, daß Ktesias Ephoros' einzige Vorlage für den Schlachtbericht war.

Die Anordnung der Ereignisse bei Diodor stimmt mit Xenophon überein.[5]) Aus eigener Anschauung konnte Ktesias

---

21, 2), konnten Xenophon, Sophainetos und andere kaum wissen. Dagegen mußte Klearch die Absichten der spartanischen Regierung kennen und glaubte vielleicht keine Indiskretion zu begehen, wenn er fern von der Heimat dem Landsmann, dem er den angehenden Historiographen wohl nicht ansehen konnte, derartige Mitteilungen machte.

[1]) Hier können die Namen, auf welche sich der Interpolator Anab. I, 8, 27 bezieht, gestanden haben.

[2]) Ich halte ἤδη σκότους ὄντος nicht, wie Friedrich (Jahrbb. f. Phil. 1895, S. 25) und Kämmel wollen, für einen Zusatz Plutarchs, sondern es lag für Ktesias, wie weiterhin ausgeführt werden soll, die Sache so, daß er Kyros' Tod in die Dunkelheit verlegen mußte.

[3]) Nicht nur für die Schlacht, sondern auch für den Hinaufmarsch. Das zeigt die Darstellung der Ereignisse in Kilikien, Diodor XIV, 20, 2 und 3. Über das Doppelspiel des Syennesis konnte man nur am persischen Hofe etwas wissen. Epyaxa dagegen, welche den ersehnten Sold brachte, eine Parade abnahm, der chronique scandaleuse Stoff bot und daher in hohem Grade die Aufmerksamkeit der Griechen erregte, wird nicht erwähnt. Dabei hat sie als asiatische Königin für den griechischen Gewährsmann des Ephoros auch noch ethnologisches Interesse gehabt.

[4]) Quellen des Pompejus Trogus VI, 3 ff.

[5]) Vollbrecht (15) und Holländer (33) wollen Diodors griechischen Gewährsmann in Xenophon und in dem Bericht desselben den Rahmen für Ktesias' Mitteilungen sehen. Da die Berichte zweier Mitglieder einer Expedition im

über den Verlauf der Schlacht nicht berichten, von den Persern hat er sicher auch nicht gehört, daß die Griechen sie zweimal in die Flucht geschlagen haben, und daß er nach Klearchs Mitteilungen ein übersichtliches Bild der Schlacht gegeben hätte, schließt schon die Zeitangabe über Kyros' Tod aus.

Während Kämmel in Diodors Bericht ausschließlich persische Färbung findet, will Smith (50) griechische darin sehen. "The account seems to me to have rather a Greek than a Persian coloring."

Mir scheint griechische und persische Färbung hier gleichwertig vertreten zu sein; der Bericht über den Kampf der Brüder und Kyros' Fall schillert sowohl bei Diodor wie bei Justin in beiden Farben. Daß beide Autoren auf **eine** Vorlage zurückgehen, hat Neuhaus (S. 16) in der Gegenüberstellung der Einleitungsworte zum Bruderkampf meines Erachtens überzeugend nachgewiesen, und daß dieser gemeinsame Gewährsmann hier nur aus Ktesias geschöpft haben kann, beweist Diodors Meldung, daß sich der König vom Kampfe zurückgezogen habe. Da er offiziell daran weiter teilnahm, so ist Ktesias hier der einzig zulässige Zeuge. Wie die Abweichungen vom Ktesianischen Text bei Diodor und Justin entstanden sein können, hat Neuhaus (11 ff.) erklärt. Ephoros' Vorlage für Kyros' Tod kann Ktesias aber nicht gewesen sein; Diodors Darstellung konnte ebensowenig wie die Meldung: *Cyrus a cohorte regia oppressus interficitur* aus der Situation, wie Ktesias sie schildert, hervorgehen. Es läßt sich vielmehr annehmen, daß Ephoros, wie er für den Bruderkampf den Augenzeugen Ktesias als Quelle wählte, für den Tod des Kyros seinem griechischen Gewährsmann, in dessen Bericht sich die Mitteilungen anderer Augenzeugen, der Kampfgenossen des Kyros, widerspiegeln, den Vorzug gegeben hat.

---

wesentlichen übereinstimmen müßten, und Diodor für den Rückzug der Griechen eine andere Quelle hatte, so sehe ich nicht ein, weshalb er für die Schlacht Xenophon den Vorzug gegeben haben sollte. Diesen griechischen Berichterstatter und nicht, wie Reuss (6 f) will, Ktesias benutzte Diodor natürlich auch für die Verhandlungen nach der Schlacht. Die Abweichungen von der Anabasis beweisen zugleich, daß Xenophon dieser Gewährsmann nicht war.

II. Zahlen.

Nach Xenophon zog Kyros mit 100000, nach Diodor mit 70000 Asiaten nach Babylon; das königliche Heer beziffert Xenophon auf 900000 und Ktesias auf 400000 Mann. Die Verluste desselben betragen nach offizieller Meldung 9000, nach Ktesias' eigener Schätzung 20000 und nach Diodors Angabe 15000 Mann. Diese Zahlen werden neuerdings stark heruntergesetzt. Holländer[1]) nimmt für Kyros' gesamte Streitmacht 40000 Mann und für das persische Heer etwas mehr als das Doppelte an. Weber[2]) setzt die Kyreer auf 33000, die königliche Armee auf 70000 Mann herab, und E. Meyer[3]) glaubt, daß das persische Heer des Kyros kaum stärker als seine griechische Streitmacht und das königliche Heer höchstens 40000 Mann stark gewesen sei.

Die Militärs verhalten sich zu Xenophons Angaben weniger ablehnend. Rüstow (103) und v. Treuenfeld[4]) nehmen an den Zahlen des Kyreischen Heeres weder für den Marsch noch für die Bewegungen der Schlacht Anstoß, die 900000 Mann des königlichen Heeres halten beide für übertrieben.

Der Verfasser einer Monographie „La bataille de Cunaxa"[5]) kommt in bezug auf persische Wehrverfassung und Zahl der bei Kunaxa kämpfenden Truppen auf Grund von Angaben in Xenophons Werken zu folgenden Ergebnissen: Die persische Armee beziffert sich im Frieden auf 1 Million, in Kriegsstärke auf

---

[1]) Kunaxa, Naumburg 1893, S. 8 ff.
[2]) Mehr Licht in der Weltgeschichte. 1894, S. 209 f.
[3]) Geschichte des Altertums V, 185.
[4]) Rückzug der 10000 Griechen S. 18.
[5]) La bataille de Cunaxa par * * *. Chapelot et Co. Paris 1902.

2 Millionen und bei allgemeiner Mobilmachung auf 3 Millionen Mann (7 f.). Das Heer ist in zehn Armeen geteilt, im Frieden 100000 Mann umfassend (3 f. u. 7). Jede Armee besteht aus Infanterie — Bogenschützen (im Viereck von 100 Mann Front und Tiefe zu 10000 Mann aufgestellt) und Leichtbewaffnete —, Kavallerie und Artillerie.[1]) Die Länge der Front einer Armee wird im Frieden auf 1250 m, in Kriegsstärke auf 2500 m berechnet.

Nachdem der König von dem Unternehmen des Kyros Kunde erhalten, befiehlt er die Mobilmachung. Diese Order hat wegen der Offensive des Kyros in Kleinasien keinen Erfolg.[2]) Die sechs anderen Armeen (26) werden auf Kriegsfuß gestellt. Da der König die Ankunft der ferner gelegenen Truppen nicht abwarten kann, so bricht er mit den Armeen des Gobryas und Arbakes nach Babylon auf und vereinigt sich mit der Armee des Tissaphernes, so daß er über drei Armeen in Kriegsstärke, also 600000 Mann verfügt.

In dem Heere des Kyros sehen wir eine der zehn Armeen, deren Kommandant er war (11). Für die Verpflegung führt er Lastwagen mit sich (14), die jeder Truppeneinheit folgten und ihre Ladung ergänzten — *train régimentaire* — Reservewagen mit eisernem Bestand und Bagagewagen, im ganzen etwa 2300 Stück.

Den Marschverlust des Kyros berechnet Verfasser auf $1/10$, den des Königs auf $1/7$ oder $1/6$, so daß die königliche Armee auf über 500000 Mann kommt. Da nur die Tiefe verliert, so bildet die Front eine Linie von 7500 m (35). Die Kyreische Front (32 und 36) war halb so lang — die Griechen 2500 m, die Asiaten 1250 m.

Diese Ausführungen legt Freiherr von der Goltz seinem Aufsatz „Zahlenwut und Zahlenwert" zugrunde.[3]) Er bemerkt dabei allerdings, daß er keine selbständige kritische Studie geben wolle.

---

[1]) Diese sieht Verfasser in den Sichelwagen „qui constituaient de véritables projectiles vivants".

[2]) Verfasser glaubt, gestützt auf Anabasis V, 6, 8, daß Corylas, der Gouverneur von Paphlagonien, dem Könige den Gehorsam verweigerte und Kyros mit 1000 Reitern unterstützte.

[3]) Deutsche Revue, April 1903. 1 ff.

Zur Begründung seiner Aufstellungen sagt Holländer, daß die Verpflegung des Kyreischen Heeres — da Xenophon von getrenntem Vormarsch nichts melde, einer Heeressäule von 100 000 Mann — eine Unmöglichkeit gewesen wäre. Ferner hätte Epyaxa bei der Parade eine harte Geduldsprobe zu überstehen gehabt, denn 30 000 Mann (preußisches Armeekorps) brauchten zum Vorbeimarsch 5—6 Stunden. Die Armee des Königs, auf 400 000 Mann geschätzt, hätte einen 40 Meilen langen Zug gebildet. Das Problem, so große Streitkräfte auf einen Punkt zu vereinigen, hätten die Strategen unserer Zeit gelöst, Artaxerxes und Kyros sicherlich nicht. Soweit Holländer.

Wenn die Lösung jener Aufgabe von Artaxerxes und seinem Generalstab abhängig gewesen wäre, würde Holländer unzweifelhaft recht behalten. Es wäre auch fraglich, ob Kyros dieser Aufgabe gewachsen gewesen wäre, wenn die Kriegführung im Altertum auf so niedriger Stufe gestanden hätte, wie man noch vielfach annimmt. Man ist gewöhnt, in Griechen und Römern die Vertreter des Altertums κατ' ἐξοχήν zu sehen und vergißt, daß, als diese Völker in das Licht der Geschichte traten, die Völker des Orients bereits den Gipfel einer hohen Kulturentwicklung überschritten hatten. Die Keilinschriften wären eher geeignet, Licht auf altpersische Heereseinrichtungen zu werfen, denn ganz Vorderasien stand unter dem Einflusse babylonischer Kultur.

Für die babylonische Kriegskunst zeigt die Geierstele[1]) im Anfang des 3. Jahrtausends v. Chr. die Phalanx, die für griechische Kriegführung charakteristische Kampfesform. Daneben beweisen uns aber die Flankierungsanlagen eines aus derselben Zeit stammenden Festungsplanes,[2]) daß der Festungskrieg und die Fernwaffen im Jahre 3000 v. Chr. eine Ausbildung erlangt hatten, von welcher man in Griechenland zur Zeit des peloponnesischen Krieges noch weit abstand. Das kriegerische Genie des assyrischen Volkes hatte um das Jahr 1000 v. Chr. Heer- und Kriegswesen auf eine Höhe gebracht, wie sie erst unter Alexander wieder erreicht wurde. Alle Waffengattungen, die das Altertum

---

[1]) Telloh, E. de Sarzec, Découvertes en Chaldée.
[2]) Vgl. A. Billerbeck, Untergang Ninivehs S. 152.

kennt, waren vorhanden und kämpften in gegenseitiger Unterstützung. Zeughäuser wurden erbaut, Heerstraßen und Stapelplätze für Getreide angelegt und für die Bedürfnisse des Heeres auf weiten Märschen durch die Wüsten Arabiens und die Schneegebirge Armeniens gesorgt. Im Jahre 845 zog Salmanassar II. mit 120 000 Mann Infanterie[1]) über den Euphrat gegen eine Liga von 12 syrischen Fürsten.[2]) Man verstand es also schon im 9. Jahrhundert v. Chr. große Heere weit über die Grenzen des Landes zu führen und zur Schlacht zu konzentrieren.[3])

Die Erben Assyriens und Babyloniens waren die Meder und Perser. Als jene die Erbschaft antraten, war das assyrische Heerwesen keineswegs in Verfall. Wir dürfen bei den Eroberern der Festungswerke von Ninua nicht nur kriegerische Tüchtigkeit, sondern auch Kriegskunst voraussetzen.

Die Perser ihrerseits bewohnten ein Land, welches in der ältesten Kriegsgeschichte schon eine Rolle spielte; im 3. Jahrtausend v. Chr. tritt Elam erobernd in babylonisches Gebiet.[4])

Artaxerxes II. und seine Heerführer standen also nicht vor neuen Problemen, und dem genial beanlagten Kyros wäre es zuzutrauen, daß er, was vielleicht schon verfallen war, für seine Zwecke wieder ins Leben rief. Da er Parteigänger im Lande hatte, offene, wie Corylas von Paphlagonien, und vorsichtig abwartende, wie den Herrscher von Kilikien, so ist es sehr möglich, daß die Proviantkolonnen seiner auf verschiedenen Wegen marschierenden Truppen[5]) an bestimmten Etappen ihre Vorräte ergänzen konnten.[6])

---

[1]) Für die Auffassung der in der Stierinschrift (Layard, inscr. 15) genannten Truppe als Infanterie vgl. meine Dissertation, Assyr. Kriegführung von Tiglat-Pileser I bis auf Samši-adad III, 21 ff.

[2]) Im Jahre 853 v. Chr. kämpfte Salmanassar in der Schlacht bei Lutib gegen eine Heeresmacht von 63 000 Mann Infanterie, 3900 Wagen, 1900 Reitern und 1000 Kamelreitern. Die Zahlen sind inschriftlich belegt. Die Königsannalen wurden bei Lebzeiten der betreffenden Herrscher von Annalisten, denen die Originalberichte der Heerführer vorlagen, zusammengestellt.

[3]) Aus der Zeit der assyrischen Weltherrschaft sind leider keine Zahlen berichtet.

[4]) Billerbeck (Susa S. 131) hält das Memnonion, die Burg von Susa, für die älteste Festung des Orients.

[5]) Xenophon hat, da er den Hinaufmarsch sehr kurz behandelt, natürlich nur den Marsch des Hauptquartiers, mit welchem die Griechen zogen, geschildert.

[6]) Da Ariaios II, 2, 11 den Weg des Hinaufmarsches nicht für den

Die Parade vor Epyaxa fand natürlich nicht in Marschaufstellung statt, sondern κατὰ ἴλας καὶ κατὰ τάξεις I, 2, 16, d. h. in Schwadrons- und Kompagniefront.

Weber (S. 25) glaubt die überlieferten Zahlen, an welchen sich die in der menschlichen Natur liegende Vergrößerungssucht hauptsächlich äußere, durch mancherlei Hilfsmittel richtig stellen zu können. Eines der vornehmsten wäre die Anwendung der Ergebnisse der heutigen Statistik auf die Berichte alter Autoren. Auf Grund von Herodots Angaben über persische Finanzen (S. 31 ff.) und Polyainos' Beschreibung einer von Alexander im persischen Königspalast gefundenen, aus des großen Kyros Zeit stammenden Säule, auf welcher die für die Mahlzeiten des Königs und zur Verteilung an die Truppen gelieferten Naturalien eingraviert waren, kommt Weber zu dem Ergebnis, daß mit 153 000 Mann die äußerste Grenze der Machtmittel des Perserreiches erreicht sei.

Ein weiteres Mittel zur Kontrolle läge in dem Verhältnis der Kavallerie zur Infanterie (S. 29). Normal wäre 1 : 10, die Grenzen nach oben und unten 1 : 5 und 1 : 20. Die Gesamtstärke der persischen Kavallerie sowohl beim Skythenzuge Dareios I. (S. 27) als auch in den griechischen Kriegen und beim Zuge des jüngeren Kyros wäre auf 6000 Mann zu beziffern.

Der Sieg gegen eine Übermacht könnte im Altertum höchstens im Verhältnis von 1 : 4 möglich gewesen sein.

Diese Mittel zur Kontrolle sind doch aber sehr unsicher, die Statistik obenan. Wir erleben es täglich, daß man auf Grund statistischer Berechnungen zu den sonderbarsten Ergebnissen kommt. Es werden zu oft Faktoren übersehen, welche in die Rechnung mit hinein gehören. Wie will man gar sichere Rechnungen über räumlich und zeitlich ferne Länder anstellen? Und auf welche Angaben hin? Woher hat Herodot, dessen militärische Berichte Weber völlig verwirft, hier unbedingte Zu-

---

Rückzug nehmen will, weil Hungersnot zu befürchten wäre, so muß Kyros unterwegs gefüllte Magazine gefunden haben. Auch auf dem Rückzuge treffen die Griechen auf ein königliches Schloß, in dessen Nähe der Satrap Lebensmittel und Futter für die Kavalleriepferde aufgehäuft hatte. III, 4, 31. In Griechenland, wo man mit kleinen Heeren kurze Märsche machte, findet man natürlich kein Analogon für solche Einrichtungen.

verlässigkeit? Außerdem hat Weber seine Quelle auch noch nach eigenem Ermessen ausgelegt,[1]) und Angaben, die im einzelnen anfechtbar sind, geben doch keine Grundlage für Berechnungen, deren Resultate man als Prüfstein für die Wahrheit historischer Berichte gebrauchen will. Und nun die Säule des Kyros; wer sagt denn, daß diese Naturalien an die ganze Armee verteilt wurden, sie können ja nur für die dem Könige unterstellte Garde bestimmt gewesen sein. Jeder Satrap hatte doch seine eigene Hofhaltung, seine Truppen und Einkünfte. Und hatte dieser zur Zeit der Gründung des Reiches aufgestellte Etat noch Geltung? Weber sieht den sicheren Beweis dafür darin, daß die Säule nicht zerstört wurde. Seit wann zerstört man denn die Zeugen einer großen Vergangenheit? Meldet uns nicht Plutarch (Art. III), daß das Gewand des Kyros aufbewahrt wurde?

Wenn Weber (153 ff.) annimmt, daß Xerxes 100000 Mann nach Griechenland geführt hat, dann sind 153000 Mann für die Streitkräfte des Reiches viel zu niedrig gegriffen. Xerxes müßte wenigstens mit der doppelten Truppenzahl ausgezogen sein, denn durch Abgabe von Truppen zur Sicherung der Rückzugslinie und der Magazine, durch Marschverluste und Desertion wird ein angreifendes Heer so verkleinert, daß nur $1/4$, ja $1/8$ der ausgerückten Heeresmacht in den Kampf gebracht wird.[2]) Wenn ein Staat, welcher fortwährend an den Grenzen und im Innern, um seinen Bestand zu erhalten, kämpfen muß, für einen Eroberungskrieg so viel Truppen abgeben kann, dann muß er in äußerster Gefahr sehr viel mehr leisten können. Und Kyros' Einbruch bedeutete die äußerste Gefahr, denn ein altorientalischer Staat ist mit dem Herrscher identisch.

Wenn man aus der Stärke der Kavallerie auf die Gesamtstärke eines Heeres schließen wollte, so würde man, selbst wenn das von Weber festgesetzte Verhältnis durch die Tatsachen bestätigt würde, wegen des weiten Spielraums von 1 : 5 bis 1 : 20 doch zu sehr unsicheren Ergebnissen gelangen. Es zeigen aber die Reitervölker des Ostens und die Ritterheere des Mittelalters,

---

[1]) Weber will 360 Goldtalente als indische Steuerleistung nicht gelten lassen, weil Persien keinen bedeutenden Besitz in Indien gehabt haben könne.

[2]) von der Goltz, Kriegführung. S. 33.

daß kein für alle Völker und Zeiten gültiges bestimmtes Verhältnis zwischen den Waffengattungen vorhanden ist. Bei Kunaxa haben mehr als 6000 Reiter im Felde gestanden. Das Anab. I, 7, 11 gemeldete Korps war die Gardekavallerie, welche im Zentrum aufgestellt war. Außerdem standen aber auf dem linken Flügel die Reiter des Tissaphernes (la cavalerie indépendante), I, 8, 9 heißt es ferner ἄλλοι δ'ἱππεῖς (la cavalerie de corps) ἄλλοι τοξόται. Die Griechen haben also schon in dem ihnen gegenüber stehenden Teile des feindlichen Heeres mehrere Kavallerieabteilungen feststellen können; bei den dem Ariaios gegenüberstehenden Truppen und auf dem rechten Flügel ist natürlich dasselbe Verhältnis anzunehmen.

Auch der Möglichkeit des Sieges will Weber durch ein Zahlenverhältnis bestimmte Grenzen ziehen. Es wäre zu erwarten, daß Überzahl, bessere Bewaffnung und überlegene Stellung zum Siege führen; aber der Sieg ist nicht nur das Ergebnis mechanisch wirkender Faktoren, es spielen auch überlegene Führung, bessere Ausbildung, die unkontrollierbaren moralischen Größen und der Zufall in hundertfacher Gestalt mit. Wie will man Ausnahmen – den Sieg gegen Übermacht – in Regeln bringen, das Unberechenbare durch Zahlen festlegen? Daß bei Kunaxa 50000 Mann durch Umzingelung die Griechen hätten überwältigen **können**, ist nicht zu bestreiten. Vielleicht wären sie verloren gewesen, **wenn nicht der Abend hereingebrochen wäre.**

Die Phalanx war aber nicht ohne Deckung, sie hatte die Peltasten und die paphlagonischen Reiter, und als sie im Rücken angegriffen werden sollte, trat Kyros für sie ein. Man darf das Verhältnis der bei Kunaxa kämpfenden Truppen nicht in der Gegenüberstellung der Zahl der Griechen und der königlichen Soldaten suchen. Die paphlagonischen Reiter, deren Vorzüge Xenophon V, 6, 8 rühmt, die griechische Infanterie und die ausgezeichnete Gardekavallerie zeigen, daß Kyros bei der Wahl seiner Truppen in der Qualität Ersatz für die Quantität gesucht hat. Die von Ariaios befehligten Kyreer, welche jenen Elitetruppen als Rahmen dienten, sind, was militärische Tüchtigkeit anbetrifft, ebenfalls dem Feind überlegen gewesen. Man darf nur die elende Kriegführung des Tissaphernes und Pharnabazos im Kampfe gegen Agesilaus ansehen, um einen Begriff von ihren militärischen Leistungen zu haben; und etwas von dem Geiste des Kommandeurs steckt doch auch in den Truppen. Daß Ariaios und die Seinen tapfer stritten, bestätigt Xenophon,[1]) und den Rückzug traten sie nicht als Besiegte, sondern auf die Nachricht vom Tode des Kyros an. Die 13 000 Griechen haben also nicht allein gekämpft, und die Übermacht stand, wenn wir Ktesias' Angabe annehmen — wie Weber will — in dem Verhältnis von 1:4.

Mehr als 50 000 Mann hätten nach Weber (210) während der kurzen Dauer der Schlacht nicht Aufstellung nehmen und die von Xenophon gemeldeten Bewegungen ausführen können. Das königliche Heer trat den Kyreern aber völlig kampfbereit entgegen, und diese waren so aufgestellt, daß, wenn sich ihre Reihen auch vorübergehend gelöst hatten, doch jeder dem ihm bestimmten Platze nahe genug war, um ihn, ehe der Feind in Sicht war, einnehmen zu können.

Die Bewegungen in der Schlacht wurden natürlich nicht von dem ganzen Heere ausgeführt. Die Truppen, die den Griechen gegenüberstanden und bei ihrer dichteren und sehr tiefen Aufstellung 50—100 000 Mann betragen konnten, wurden im Anfang der Schlacht in die Flucht geschlagen. Die von Kyros geworfene Gardekavallerie wird, da der Tag bald zur Neige ging, nicht noch einmal Aufstellung genommen haben. Diese beiden Truppenteile waren also schon ausgeschaltet. Als die Kyreer sich zur Flucht wandten, folgten ihnen die noch stehen gebliebenen Truppen des linken Flügels und des Zentrums, das schon zur Umfassung eingeschwenkt hatte. Diese Truppen plünderten das Lager und wurden darauf von der zurückkehrenden Phalanx geschlagen. Die Trümmer — 70 000 Mann — sammelten sich um den König und wurden von ihm ins Lager geführt. Über das Schicksal des rechten Flügels können wir nur Vermutungen haben.

E. Meyer[2]) hat Xenophons Bericht treffend als Soldaten-

---

[1]) Wenn Xenophon III, 2, 17 diese Truppen herabsetzt, so darf man nicht vergessen, daß es sich um eine Rede handelt, durch welche die eigenen Truppen ermutigt werden sollen.

[2]) a. a. O. S. 187.

journal bezeichnet. Wir können aus demselben auch kein Gesamtbild der Schlacht gewinnen; denn nachdem der Kampf auf der ganzen kyreischen Linie entbrannt war, berichtet Xenophon nur noch, was die Griechen erlebten. Selbst von ihren nächsten Nachbarn, den paphlagonischen Reitern, hören wir nichts mehr.

E. Meyer schätzt das königliche Heer auf 40 000 Mann.[1]) Mit höheren Zahlen wären die Bewegungen desselben in der Schlacht und das spurlose Verschwinden nach derselben nicht zu vereinen. Das kyreische konnte — 100 000 Mann stark — nicht durch die mesopotamische Wüste geführt werden, und bei Schätzung größerer Massen müßte auch bei einem geübten Militär wie Xenophon der Zahlensinn versagen.

Konnte Kyros überhaupt ein Heer durch die Wüste führen, dann war die Größe desselben in der Hauptsache doch nur eine Geldfrage. Eine lebendige Anschauung mag Xenophon mit der Zahl 100 000 vielleicht nicht mehr verbunden haben. Die Zahl der Kyreer konnte er aber mit Sicherheit feststellen. Vor der medischen Mauer wurde das Heer gemustert, es waren also sämtliche Kolonnen vereinigt. Dann zog das Heer in Schlachtordnung aufgestellt, den Feind erwartend, drei Tage vorwärts. Xenophon war beritten, hatte volle Freiheit der Bewegung, und die Kyreer zogen nicht in ungegliederter Masse, sondern κατὰ τάξεις καὶ κατὰ ἴλας. Schon aus Interesse an der Sache hätte er das asiatische Heer eingehend besichtigt. Es hing aber auch seine und der Griechen Zukunft von der Größe und Beschaffenheit der Streitmittel des Kyros ab.

Daß wir über den Verbleib der großen Armee nichts erfahren, liegt in der Beschaffenheit unserer Quellen. Xenophon konnte nur melden, was den Griechen begegnete, Ktesias liegt uns bloß im Auszuge vor, und einheimische Quellen fehlen ganz. Aus unserer Unkenntnis über diesen Punkt folgt aber noch nicht, daß die große Armee überhaupt nicht vorhanden war. Es wäre

---

[1]) Meyers Berechnung ist nicht ganz klar. Wenn das asiatische Heer des Kyros nicht größer als das griechische war, dann waren es zusammen 26 000 Mann. Die königliche Front, mehr als noch einmal so lang, = 52 000 Mann wenigstens. Da Meyer (III, 78) sagt, daß die Perser in großen Vierecken aufgestellt wurden und durch die Massen wirkten, so müßte er bei der nur vier Glieder tiefen Aufstellung der Griechen auf mindestens 80—100 000 Mann kommen.

möglich, daß, da der König ursprünglich in Ekbatana den Feind erwarten wollte, Babylon gar nicht in der Lage war, große Truppenmassen länger zu unterhalten. Wer vermöchte aber alle Möglichkeiten zu erschöpfen, an die man bei einem von unabhängigen Völkerschaften durchsetzten, von ehrgeizigen Satrapen regierten, an den Grenzen stets bedrohten altorientalischen Weltreiche denken könnte? Immerhin wird das zur Verfolgung der Griechen bestimmte Heer stark genug gewesen sein, um die Griechen in dem ihnen unbekannten Gelände zu erdrücken. Aber Tissaphernes zog während seiner ganzen Amtstätigkeit jeden anderen Weg der Entscheidung durch Waffengewalt vor.

Kommen wir nun zu den Aufstellungen in *La bataille de Cunaxa*, so muß festgestellt werden, daß ihre wissenschaftliche Grundlage sehr unsicher ist. Die Chronologie schwebt völlig in der Luft. Die Kyrupädie, auf welche der Verfasser hauptsächlich verweist, ist ein Phantasiestück, welchem ein realer Hintergrund freilich nicht fehlt. Aus der Zahl der Truppen, die Kyros mit sich führt, auf die Größe eines persischen Armeekorps zu schließen, geht, wie weiterhin ausgeführt werden soll, nicht an. Trotzdem ist *La bataille de Cunaxa* eine ebenso interessante wie nützliche Studie. Es wird in ihr die Möglichkeit von Xenophons Zahlen- und Zeitangaben erwiesen. Ganz besonders gilt das für die Mobilmachung des persischen Heeres.[1]

Ob dieser Versuch geglückt ist, konnte niemand besser beurteilen als Freiherr von der Goltz. Wenn jene Aufstellungen in sachlicher Beziehung Unwahrscheinliches enthielten, so hätte dieser ausgezeichnete Kenner des Krieges und des Orients Anstoß daran genommen.[2]

---

[1] Cousin (S. 110) verweist für die Mobilmachung auf eine Angabe in dem Roman Charitons de Chaerea et Callirrhoe VI, 8, welche die Ausführungen seines Landsmannes unterstützen dürfte. Es wird darin gesagt, daß es den Persern leicht war, ihre Streitkräfte zu sammeln. Jeder ist für seinen Posten vorher bestimmt, und in der Zeit, welche ein einziger Mann braucht, um fertig zu werden, wäre das Ganze fertig.

[2] Freiherr von der Goltz verweist für die Zahlen auf Delbrück. Doch nimmt er eine außerordentliche Zahlenüberlegenheit auf seiten des Königs an, der (S. 1) „im Herzen seines Reichs dessen gewaltige Mittel unumschränkt aufzubieten vermochte". Auch das Viereck, 100 Mann Front und 100 Glieder tief, scheint er nicht zu verwerfen. Diese Aufstellung ist aber bei einer viermal so langen Front als die griechische nur mit großer Truppenzahl ausführbar.

G. Cousin[1]) hat Xenophons Angaben als glaubwürdig betrachtet. Für die Gesamtstärke der auf Kriegsfuß gestellten persischen Armee wird er damit wohl das Richtige getroffen haben. Das uns zurzeit vorliegende Quellenmaterial scheint keine Grundlage zu bieten, auf welcher man zu sicheren Ergebnissen über Einwohnerzahl und Wehrverfassung des persischen Reiches kommen könnte. Wir wissen aber, daß Westasien im Altertum dichter bevölkert war als heute. Neuere Reiseberichte über das häufige Vorkommen von Resten alter Ansiedelungen im Zweistromlande,[2]) die von Salmanassar II. gemeldeten Heereszahlen der nord- und mittelsyrischen Kleinstaaten,[3]) die unzähligen Städte und Ortschaften, welche die Assyrer auf ihren Kriegszügen eroberten, die Zahlen der in neuassyrischer Zeit fortgeführten Kriegsgefangenen und die Berichte Xenophons[4]) sind Zeugnisse dafür. Weber glaubt, daß man im Altertum das nicht leisten konnte, was heute dem deutschen Reiche möglich ist, nämlich drei Prozent seiner Bevölkerung zu einem Offensivkriege herzugeben. Assyrien hat aber schon eine volkstümliche Wehrverfassung gehabt, denn Salmanassar II. bot das Land auf, nicht den Landsturm, als er gegen Damaskus und seine Verbündeten zog.[5]) Die einfacheren Lebens- und Verkehrsverhältnisse des Altertums haben zur Erhaltung der Zurückbleibenden und der Ausziehenden dem Heere kaum so viel Kräfte entzogen, als dieses heute der Fall ist. Xenophons 1 200 000 Mann wären drei Prozent einer Bevölkerung von 40 Millionen Köpfen, für ein Land, zehnmal so groß als Frankreich, eine niedrige Einwohnerzahl. Jedesfalls ist Persien dichter bevölkert gewesen und kann ein Heer von 1 200 000 Mann gestellt haben — wenigstens auf dem Papier.

Die Zahl des Kyreischen Heeres konnte Xenophon fest-

---

[1]) s. Anhang seines Buches.
[2]) Rohrbach, Preuß. Jahrb. 104. 1901, S. 499 und 131; Schneider, Die deutsche Bagdadbahn S. 28; Sachau, Am Euphrat und Tigris S. 126 und 130.
[3]) Monolithinschrift III, Raw. 7, 8.
[4]) Xenophon hat selbst Truppen geführt und weiß, was es heißt, eine Anzahl von Leuten über einen Fluß, durch einen Hohlweg usw. zu bringen. Wo er als Historiker Zahlen der Griechen nennt, sind diese in mäßigen, den Verhältnissen entsprechenden Grenzen. Wo er aber wie in der Kyrupädie Truppenzahlen orientalischer Heere nennt, sind sie sehr hoch, ein Beweis, daß er im Orient diese großen Heere wirklich gesehen hat.
[5]) Obelisk 91, Layard, Inscr. 87—98.

stellen. Ich glaube aber nicht, daß Kyros mit 100 000 Mann aufgebrochen ist. Erst bei der letzten Musterung, nicht bei der Parade vor Epyaxa, wird die Zahl genannt. Die paphlagonischen Reiter z. B. die, nach der Haltung ihres Fürsten zu urteilen, von diesem an Kyros gesandt sein können, sind vielleicht erst vor der letzten Musterung zum Heere gestoßen. Diodor XIV, 19, 7 meldet beim Aufbruch von Sardes 70 000 Mann; es ist nicht unwahrscheinlich, daß Kyros mit dieser Macht aufbrach und die von Xenophon genannte Zahl erst vor der Entscheidung erreicht wurde.[1]) In der Kyreischen Front, für welche die von Weber angenommene Länge von 5 km den durch den Verlauf der Schlacht gegebenen Verhältnissen am besten zu entsprechen scheint, hatte Xenophon einen Maßstab für die feindlichen Streitkräfte. Wie sein Gespräch mit Kyros Anab. I, 8, 16 zeigt, ritt er vor der Front umher und konnte von jeder Anhöhe aus das Ganze überblicken. Die eigene Armee war über 100 000 Mann stark, die feindliche mußte, da das Zentrum über den linken Flügel der Kyreer hinausragte, eine mehr als zweimal so lange Front haben. Da der Feind viel tiefer aufgestellt war als die griechische Schlachtreihe, so ist wenigstens vierfache Übermacht anzunehmen. Weitere Vermutungen wage ich nicht.

Ktesias konnte gut unterrichtet sein, war aber nicht sachverständig. Der König war vielleicht mit 400 000 Mann von Ekbatana aufgebrochen; bei einem so großen Heere wären weitere Zuzüge nicht augenfällig gewesen.

Kyros mußte als persischer Heerführer die Verhältnisse kennen und aus den Namen der Führer auf die Zahl der Truppen schließen können. Es konnten aber Änderungen eingetreten sein, die sich seiner Kenntnis entzogen. Die Meldungen von Überläufern sind von zweifelhaftem Wert. Größere Truppenmassen neigen zur Selbstüberschätzung;[2]) es können auch absichtlich

---

[1]) Wie ich sehe, hat Cousin S. 113 für die Differenz zwischen Diodor und Xenophon dieselbe Erklärung. Er sieht den Zuwachs hauptsächlich in den kilikischen Truppen und dem Gefolge der persischen Großen, die zu Kyros übergingen.

[2]) von Moltke (Briefe aus der Türkei) schreibt am 7. Mai 1839: „Die Stimmung unter den Truppen ist gut, sie glauben 80 000 Mann stark zu sein. — Wir lassen ihnen gern diese Meinung." Am 20. Mai, „wenn wir 30 000 Mann ins Gefecht bringen, will ich zufrieden sein".

übertriebene Meldungen zu Kyros hinübergetragen worden sein, um ihn und sein Heer zu entmutigen. Glaubhaft ist nur, was Xenophon selbst feststellen konnte, die Zahl des Kyreischen Heeres und sein Verhältnis in Front und Tiefe zur Aufstellung der königlichen Armee.

Über die Zahlen der Gefallenen führt Weber (S. 27) aus, daß die Schlachten des Altertums ohne Fernwaffen unblutig gewesen sein müßten. Geübte Bogenschützen hätte es nur wenige gegeben. „Wenn also der Mann seine Waffen fortwarf und floh, so war er sicher, soweit ihn nicht ein Reiter oder ein Pfeil erreichte."

Für die Heere des Ostens, wo die Fernwaffen eine hohe Ausbildung erreicht hatten, trifft Webers Voraussetzung schon nicht zu. Es ist aber auch für den Nahkampf nicht normal, daß man die Waffen hinwirft und fortläuft; bei Leuktra und Cannae ist Blut genug geflossen.

Wenn bei Kunaxa nach Ktesias 3000 Insurgenten fielen, so kann, wie Weber (209 f.) meint, auf der siegreichen Seite kaum der dritte Teil gefallen sein; denn die Schlacht stand bei den Griechen keinen Augenblick und bei den Asiaten höchstens eine halbe Stunde.

Ob es bei den Griechen gar nicht zum Kampfe kam, ist doch fraglich; nach Diodor folgte dem Pfeilhagel ein kurzes Handgemenge. Diodors Gewährsmann kann andere Beobachtungen gemacht haben als Xenophon, denn die angegriffenen, verschiedenen Völkern und Waffengattungen angehörigen Truppen haben doch nicht auf Kommando kehrt gemacht. Da die Perser sehr tief aufgestellt standen, so war die Bahn für die Fliehenden auch nicht frei, und die zurückkehrenden Sichelwagen werden unter den dicht gedrängten Persern mehr Verwirrung geschaffen haben als in den weitläufigen Reihen der Griechen. Diese verstanden sich zu decken, während die Perser für den Nahkampf nicht geübt waren. So konnten jene viele der in der Flucht Behinderten töten, ohne selbst einen Mann zu verlieren. Die Peltasten und paphlagonischen Reiter haben sicher auch viele der Flüchtlinge mit ihren Geschossen und Rossen erreicht.

Wenn auf seiten der Insurgenten 3000 Mann fielen, so

könnten nach Weber die Sieger höchstens einige Hundert verloren haben (S. 210). Wer sind die Sieger? Ariaios und die Seinen hielten stand, bis die Nachricht vom Tode des Kyros kam. Da trat Ariaios den Rückzug an, nicht durch die Überlegenheit des Gegners gezwungen, sondern weil er die Fruchtlosigkeit des weiteren Kampfes einsah und vielleicht auch daran dachte, sich die Rückkehr nach Susa nicht völlig abzuschneiden. Da kann man doch nicht auf Verluste, wie sie den Schwächeren zum Rückzug zwingen, schließen.

Ktesias hatte das Schlachtfeld besichtigt und schätzte die Verluste des königlichen Heeres auf 20 000 Mann. Er kann irren, vielleicht auch übertreiben, aber schwerlich einige Hundert für 20 000 ansehen. Auch die offizielle Meldung von 9000 Gefallenen im königlichen Heere findet bei Weber keinen Glauben, und doch dürfte man bei amtlichen Mitteilungen über die eigenen Verluste eher Verkleinerung als Übertreibung suchen.

Die Beziehungen zwischen Diodors und Ktesias' Angaben über die Zahl der Gefallenen hat Friedrich[1] wohl befriedigend erklärt.

---

[1] Jahrbb. f. Philologie 1895, S. 19.

III. Die Schlacht.

Am 3. September des Jahres 401 erfolgte der blutige Zusammenstoß. Über die Dauer der entscheidenden Schlacht haben wir nur unbestimmte Angaben. Das Ende ist durch den Sonnenuntergang, 6 Uhr 20 Minuten, gegeben. Die Nachricht von dem Anrücken des Feindes kam, als die Kyreer zur Mittagszeit rasten wollten. Hastig rüsteten sie zum Kampfe, doch war um die Mitte des Tages vom Feinde noch nichts zu sehen.[1]) Erst am Nachmittag — also nach 1 Uhr — wurde ein leichtes Gewölk am Horizont sichtbar, geraume Zeit später eine dunkle Staubwolke. Da die dünne Luft jener Breiten und die Ebene einen weiten Ausblick gestatteten, und das ungeheure Heer nur langsam vorwärts kam, so kann bis zum Beginn des Kampfes eine weitere Stunde verflossen sein. Man wird für den Anfang der Schlacht $2^1/_2$ Uhr und für die Dauer — wie Weber — 4 Stunden annehmen können.

Die Kyreer scheinen dem Feinde nicht entgegen gegangen zu sein, sondern in der Nähe ihres Lagers Aufstellung genommen zu haben.

Als beide Heere 3 bis 4 Stadien voneinander entfernt waren, griffen zuerst die Kyreischen Asiaten, dann die Griechen an.[2]) Die Asiaten wurden mit Pfeilen überschüttet und erwiderten in

---

[1]) Anabasis I, VIII, 8. Die Kyreer waren um diese Zeit also schon kampfbereit, da kann die Unordnung bei ihnen so groß nicht gewesen sein. Ihre Bestürzung wäre wohl dadurch zu erklären, daß sie schon gehofft hatten, Babylon ohne Kampf zu erreichen.

[2]) Der Anonymus (S. 38) läßt den ersten Angriff von den königlichen Sichelwagen ausgehen. Es wäre möglich, wird aber nirgends gesagt. I, 8, 14 καὶ ἐν τούτῳ τῷ καιρῷ τὸ μὲν βαρβαρικὸν στράτευμα ὁμαλῶς προῄει kann doch nur auf das asiatische Heer des Kyros bezogen werden, welches vorging, während die Griechen zurückblieben und sich zum Angriff fertig machten.

gleicher Weise. Bald kam es zum Handgemenge.[1]) Die Griechen gingen anfangs langsam, dann im Laufschritt vor. Diodor führt diese Veränderung der Gangart auf einen Befehl Klearchs zurück (XIV, 23, 1), welcher anfangs die Kraft der Truppen schonen und sie dann schnell aus dem Bereich der feindlichen Geschosse an den Feind bringen wollte.[2]) Bei Xenophon dagegen wird die Beschleunigung des Marsches als etwas Zufälliges, Ungewolltes hingestellt (I, 8, 18). Diese verschiedene Motivierung ist wohl auf die Verschiedenheit der Waffengattungen, in welchen der dicht und tief aufgestellte Feind der lang ausgedehnten Linie der Griechen gegenüberstand, zurückzuführen. Die Abteilung, in welcher Xenophon kämpfte, scheint auf anreitende Kavallerie gestoßen zu sein.[3]) Diese wandte sich zur Flucht und deckte die Griechen vor den Geschossen der Infanterie. Daher die Beschleunigung des Tempos.[4]) Diodors Gewährsmann dagegen scheint mit Schützen und Schleuderern im Kampfe begriffen gewesen zu sein (XIV, 23, 5).

Die umwendenden Sichelwagen mögen auf der ganzen Front den Angriff der Griechen unterstützt haben.

In die allgemeine Flucht, welche demselben folgte, wurden die auf dem linken Flügel am Euphrat stehenden Reiter des Tissaphernes nicht hineingerissen. Sie ritten durch die ihnen gegenüberstehende griechische Wurfspießabteilung hindurch, von den Peltasten mit Speeren beworfen. Dann blieben sie hinter der feindlichen Front und plünderten das Lager. Es erhebt sich die Frage, ob Tissaphernes mit dabei war. Er sagt es, und die Griechen haben es geglaubt,[5]) doch spricht die Meldung Diodors,

---

[1]) Daß sich Diodor XIV, 23, 2 οἱ μετὰ Κύρου auf die Asiaten bezieht, hat Friedrich (S. 26) nachgewiesen. Diodors Gewährsmann scheint den asiatischen Kyreern nahe gestanden und diese Beobachtung gemacht zu haben. Die Zahl 400 000 könnte auf Ktesias hinweisen, doch könnte auch Ephoros diese Betrachtung über den Eisenregen angestellt haben.

[2]) Der Laufschritt war, wie die Parade vor Epyaxa zeigt, wohl für den Angriff üblich. Xenophon scheint jene Weisung Klearchs auch gekannt zu haben, er wiederholt sie Kyrupädie III, 3, 61.

[3]) Notwendig ist diese Annahme nicht; das Scheumachen der Pferde durch die dröhnenden Schilde kann auch den Sichelwagen gegolten haben.

[4]) s. Bataille de Cunaxa S. 39.

[5]) Daß die Griechen den Aussagen des Tissaphernes nicht durchweg Glauben schenkten, hat Holländer (S. 24) nachgewiesen.

daß er an Stelle des verwundeten Königs den Oberbefehl übernahm, dagegen. Es wäre allerdings nicht ausgeschlossen, daß Tissaphernes — wenn er jenen Ritt mitmachte — hinter der vorgerückten Linie der Griechen vorbei zum königlichen Heere zurückgelangen konnte. Allein, abgesehen davon, daß ein Ritt à la Gallifet durch die feindlichen Schützenlinien hindurch nicht nach Tissaphernes' Geschmack gewesen wäre, war es wohl auch nicht die Aufgabe eines der vier großen Generale der persischen Armee, ein auf dem äußersten Punkt der Aufstellung postiertes Regiment ins Gefecht zu führen. Wahrscheinlich wurde diese Würde bis vor kurzem von Kyros, welcher als Karanos eine in militärischer Beziehung den anderen Satrapen übergeordnete Stellung einnahm, bekleidet und dann als königlicher Dank für rechtzeitige Warnung auf Tissaphernes übertragen.[1]) Tissaphernes war dann also verfügbar, befand sich beim Hauptquartier und konnte, als der König verwundet wurde, sofort den Oberbefehl übernehmen.[2]) Schwerlich wurde er erst noch von einem andern Posten abberufen, denn die Ereignisse müssen schnell aufeinander gefolgt sein.

Kyros hielt seine Reiter gesammelt und beobachtete — wohl von einer Anhöhe aus — das feindliche Zentrum. Als er wahrnahm, daß eine dort aufgestellte Abteilung eine Schwenkung machte, griff er an. Es fragt sich, ob jene Schwenkung dem linken Flügel der Kyreer[3]) oder den Griechen galt. Das letzte sagt Xenophon, und er konnte über die Motive, welche Kyros zu seinem letzten Ritt veranlaßten, unterrichtet sein; denn aus derselben Quelle muß er erfahren haben, daß Kyros den Erfolg der Griechen noch gesehen und sich darüber gefreut hatte.

Der Anonymus (S. 40) nimmt an, daß es die Gardekavallerie war, die den Griechen in den Rücken fallen wollte,

---

[1]) II, 5, 11 wissen es die Griechen schon, daß Tissaphernes Kyros' Nachfolger geworden ist; vgl. Diodor XIV, 26, 4.

[2]) Daß er den Griechen gegenüber anders aussagte, geschah, weil der König offiziell am Kampfe weiter teilnahm. Ktesias, der bei dem Könige war, mußte hören können, wem der Oberbefehl übertragen wurde. Diese Angabe stand wohl in dem von Plutarch — weil nicht auf Kyros' Tod bezüglich — ausgelassenen Teil seines Berichts.

[3]) So Kämmel S. 676; Vollbrecht, Zur Würdigung von Xenophons Anabasis S. 9; von Treuenfeld S. 25.

und daß Kyros sie in der rechten Flanke anfaßte. Allein es ist wenig wahrscheinlich, daß der König diese zu seinem persönlichen Schutze bestimmte Elitetruppe fortschickte[1]) oder selbst das Zentrum aufgab, so lange Kyros mit seiner Garde noch abwartend dastand. Wahrscheinlich waren es andere im Zentrum aufgestellte Truppen, welche jene Bewegung ausführten. Um sie festzuhalten, griff Kyros seinerseits das Zentrum an, zuerst die vorgeschobene Gardekavallerie. Es war die zehnfache Übermacht, die er sprengte, und sein Erfolg ist wohl dadurch zu erklären, daß die Gardereiterei, durch seinen Angriff überrascht, nicht durch einen Gegenangriff antwortete, sondern stehend von der heranbrausenden Reiterschar überrannt wurde. Der Fall ihres tapferen Führers, den Kyros eigenhändig tötete, mag die Panik noch vergrößert haben.

In dem Getümmel des Kampfes erblickte Kyros den König und sein Gefolge. Mit dem Rufe: τὸν ἄνδρα ὁρῶ (I, 8, 26) sprengte er auf ihn zu und warf den Wurfspieß nach ihm. Eines der ihn umschwirrenden Geschosse traf ihn unter dem Auge; er stürzte vom Pferde und starb. So Xenophon.

Ktesias, welcher Zeuge des Kampfes der Brüder war, ist ausführlicher, weicht aber sonst von Xenophon nicht ab.[2]) Er berichtet ferner, daß der König verwundet vom Pferde stürzte und mit wenigen Begleitern — darunter Ktesias — auf einer Anhöhe Zuflucht suchte.[3])

Über Kyros' Tod bringt Ktesias eine lange unwahrscheinliche Erzählung (Plut. Art. 11): Von seinem unbändigen Pferde

---

[1]) Im Text steht nichts von einer Bewegung der Gardereiterei, es heißt im Gegenteil I, 8, 24: die vor dem Könige Aufgestellten.

[2]) Darin, daß die Brüder bei Ktesias sich schweigend entgegenreiten, kann ich — Vollbrecht (S. 10) entgegen — keinen Widerspruch sehen. Kyros konnte, als er den König erblickte, seinen Begleitern etwas zurufen, was dem königlichen Gefolge entging.

[3]) Hier hat Plutarch ein Stück des Berichts ausgelassen. Selbst, wenn wir von ἤδη σκότους ὄντος absehen, zwingt uns ein Riß im Zusammenhange zu dieser Annahme. Die Brüder sprengten einander auf schnellen Pferden entgegen. Die ersten aus der Ferne gemachten Speerwürfe gehen fehl. Näher gekommen, wirft Kyros mit einem Wurfspieß den König vom Pferde. Das Gefolge flüchtet entsetzt, im nächsten Augenblick mußte der schnell vorwärts reitende Kyros den von dem Gefolge verlassenen, am Boden liegenden Bruder erreichen und töten können. Statt dessen heißt es, daß Kyros von seinem Pferde fortgerissen, in die Feinde hineinsprengte, Huldigung begehrend usw. Das ist sinnlos.

fortgerissen, sprengt Kyros in die Dunkelheit und das Gewühl der Feinde hinein. Soll damit gesagt werden, daß das Pferd durchging? Doch heißt es weiter, daß er Huldigung von der Menge forderte, also kann er die Herrschaft über das Pferd nicht verloren haben. Daß Kyros ein hartmäuliges, widerspenstiges Pferd geritten haben soll, dessen Unbändigkeit schon bei der Tötung des Artagerses erwähnt wird (Art. 9), zeigt, wie unwahrscheinlich Ktesias auch in nebensächlichen Dingen erzählt. Es ist nicht glaubhaft, daß ein erfahrener Reiter wie Kyros für die entscheidende Stunde, in welcher ein gutes Pferd den wichtigsten Teil der Ausrüstung bildet, unter den durch ruhiges Temperament ausgezeichneten edlen orientalischen Pferden ein vor der Front unbrauchbares Tier gewählt hätte.[1])

Kämmel (692) will Kyros' sinnloses Vorwärtsstürmen durch das Triumphgefühl über den gelungenen Durchbruch des feindlichen Zentrums begründen; aber kann man von einem Durchbruch sprechen, wenn ein einzelner oder eine kleine Schar in eine ungeheure Übermacht hineinrast? Es läßt sich aus Ktesias' ἀγνοούμενον ὑπὸ τῶν πολεμίων καὶ ζητούμενον ὑπὸ τῶν φίλων doch nichts anderes entnehmen.

Nachdem Kyros die Tiara verloren hatte, erzählt Ktesias weiter, verwundet ihn Mithridates, ohne ihn zu kennen, an der Schläfe neben dem Auge. Von starkem Blutverluste schwindlig geworden, stürzt Kyros vom Pferde; die blutgetränkte Satteldecke hebt der Diener des Mithridates auf. Da das Pferd in langen Sätzen vorwärtsstürmte, so konnte der Diener die Satteldecke doch nur aufheben, wenn Kyros bei der Verwundung **sofort** vom Pferde fiel. Bis er durch Blutverlust ohnmächtig wurde, kann das Pferd schon einige Kilometer weiter in die Dunkelheit hineingerast sein.[2]) Wenn Kyros, betäubt vom Stoß, sofort ge-

---

[1]) Xenophon, welcher an Kyros heranritt, seine Unterhaltung mit ihm bis in die kleinsten Einzelheiten schildert und ihn auch beim Abreiten der Front beobachtete, berichtet nirgends, daß der Prinz ein mit Untugenden behaftetes, für die Schlacht ungeeignetes Pferd ritt. Vielmehr rühmt er I, 9, 5 des Kyros Geschick, mit Pferden umzugehen.

[2]) Von sachverständiger Seite wurde mir gesagt, daß man mit zerschlagener Schläfenarterie noch bis zu einer Viertelstunde — ohne daß Blutstillung vorgenommen wird — kampffähig bleiben kann. (Beobachtung bei Mensuren.) Eine Verletzung des schwächeren Astes neben dem Auge würde bei einem jungen, kräftigen Manne wohl überhaupt nicht zur Ohnmacht führen.

stürzt wäre, hätte Ktesias sich nicht die mit Blut getränkte Satteldecke erklären können, welche später am Hofe abgeliefert wurde[1]) (Art. 11 und 14). Nachdem Kyros sich erholt hatte, soll er von Eunuchen gestützt und geführt, infolge einer neuen Verwundung an der Kniekehle zu Boden gefallen sein. Wahrscheinlicher wäre es wohl gewesen, wenn der Fall eines seiner Führer ihn mitgerissen hätte. Daß er dabei mit der verwundeten Schläfe auf einen Stein gefallen und gestorben sein soll, klingt recht unwahrscheinlich.

Trotzdem müssen wir uns in bezug auf die Wunden an Ktesias halten. Er hat Kyros' Leiche gesehen, die Wunden mit dem Interesse des Arztes betrachtet, in der Kniekehle auch die aufgerissene Ader konstatiert (Art. 11). Xenophons Berichterstatter dagegen, welche eine Wunde unter dem Auge melden, konnten in der Hitze des Kampfes nur undeutliche Wahrnehmungen machen, und durch das hervortretende Blut über den Sitz der Wunde getäuscht werden. Auch die Angabe über die bei Hofe abgegebene Schabracke kann auf Wahrheit beruhen.

Trotzdem ist Kyros nicht in der Dunkelheit, unerkannt, hinter der feindlichen Front nach Plutarchs Ausdruck langsam wie mit stumpfem Degen hingerichtet worden, vielmehr fügen sich Ktesias' Beobachtungen zwanglos in Xenophons Bericht ein. Als Kyros, nachdem er mit seinen tapferen Reitern die feindliche Garde geworfen hatte und nun mit wenigen – die meisten der Seinigen hatten sich bei der Verfolgung zerstreut – in das königliche Gefolge hineinsprengte, da konnte – von seinen Genossen unbemerkt – der Wurfspieß eines karischen Trainsoldaten seine Kniekehle treffen. Die dabei aufgerissene Arterie – ein sehr starkes Gefäß – gibt einen so mächtigen Blutstrom, daß nicht nur die Satteldecke, an welcher das Knie flach anliegt, sofort mit Blut getränkt,[2]) sondern auch in kürzester Zeit eine Ver-

---

[1]) Eine Blutung von der Schläfe aus würde zunächst die Kleidung und Rüstung getroffen haben. Es gehört also ein andauernder reichlicher Blutstrom dazu, um in bezug auf die Satteldecke den Ausdruck $αἵματος περίπλεω$ brauchen zu können (Art. 11).

[2]) Es ist zu beachten, daß Ktesias nur von Kyros' blutiger Satteldecke, nicht von seiner blutigen Kleidung spricht. Und doch müßte diese bei einer Blutung von der Schläfe·aus auffälliger gewesen sein. Der Blutstrom konnte von der Schläfe, auch von der Kniekehle ausgehend, immer nur eine Seite der Satteldecke treffen.

blutung herbeigeführt werden konnte. Die dann hinzutretende Verwundung an der Schläfe konnte an sich durch Gehirnerschütterung, sicher mit dem Blutverlust kompliziert, sofort tödlich wirken.[1]

Hier war Ktesias nicht mehr Augenzeuge, eine offizielle Untersuchung fand nicht statt, und private Nachforschung war gefährlich, weil der König den Bruder selbst getötet haben wollte. Da hat Ktesias seine eigenen Beobachtungen — die beiden Wunden, die blutige Satteldecke und die grausame Rache, welche Parysatis an denen nahm, die ihren Liebling getötet hatten — entweder durch eigene Kombination verbunden oder mit einer jener Legenden verknüpft, wie sie sich um Ereignisse bilden, von denen das Licht der Öffentlichkeit ferngehalten wird. Den Niederschlag davon finden wir auch bei Deinon (Art. 10).

Weil Kyros' Tod dem Könige erst spät gemeldet wurde, verlegte ihn Ktesias in die Dunkelheit, in welche seine verworrene Erzählung gut hineinpaßt; ἤδη σκότους ὄντος stimmt zu ἀγνοούμενον ὑπὸ τῶν πολεμίων καὶ ζητούμενον ὑπὸ τῶν φίλων.[2]) Daher halte ich Ktesias' Bericht mit der Anordnung der Ereignisse bei Xenophon und Diodor für unvereinbar. Wie beide übereinstimmend aussagen, floh Ariaios erst, nachdem er Kyros' Tod erfahren hatte. Da nach Ariaios' Flucht der zweite Kampf der Griechen folgte, welcher mit Sonnenuntergang endete, so kann Ktesias weder Diodors einzige Quelle für den Schlachtbericht sein noch von Klearch ein Gesamtbild der Schlacht empfangen haben.

Xenophons Meldung über die gefallenen Tischgenossen des Kyros rührt vermutlich von Ariaios her,[3]) welcher als das einzig

---

[1]) Es ist wohl möglich, das Mithridates den Kyros — nachdem jener im Kampfe mit dem Könige die Tiara verloren — getötet hatte, ohne ihn zu kennen. Seine in der Weinlaune gesprochenen Worte (Art. 15) würden nicht Ktesias', sondern Xenophons Bericht bestätigen, nach welchem Kyros unmittelbar nach seiner Verwundung in der Nähe des Auges fiel und starb.

[2]) Hier lag für Plutarch überhaupt keine Veranlassung vor, erklärende Zusätze zu machen. Er wollte in Deinon und Ktesias zwei von Xenophon abweichende Berichte geben, und es wäre ungeschickt gewesen, wenn er durch einen solchen Zusatz den Widerspruch mit Xenophon noch verschärft hätte. (Zu Kämmel 685 und Friedrich 25.)

[3]) Da Kyros' Begleiter nach seinem Tode Anschluß bei Ariaios suchten, so konnte dieser schnell unterrichtet sein, während die wenigen Augenzeugen auf königlicher Seite von dem vorwärtsgehenden Gefecht mitgerissen wurden, so daß erst der aus der Schlacht zurückkehrende Artasyras dem Könige Meldung machte.

überlebende Mitglied der Tafelrunde genannt wird. Was Artapates anbetrifft, so konnten seine Kameraden sehen, wie er vom Pferde sprang und sich auf Kyros' Leiche warf. An weiteren Wahrnehmungen hinderte sie der Fortgang des Gefechts. Hier setzt deshalb die Legende ein.

Der eilige Rückzug des Ariaios führte die königliche Armee schnell vorwärts. Sie hatte wahrscheinlich schon Terrain verloren und nahm nun diese günstige Wendung der Dinge wahr. Dadurch erklären sich zwei merkwürdige Erscheinungen, nämlich daß Kyros' Tod dem Könige und dem Heere unbekannt blieb[1] und daß Tissaphernes vorübergehend in den Ruf eines schneidigen Kommandeurs kam. (Diodor XIV, 23, 7.)

Da das königliche Feldzeichen jedesfalls bei der höchsten Kommandostelle verblieb, so glaubten die Kyreer, Griechen und Perser, der König selbst habe seine Truppen in ihr Lager geführt. Die griechische Lagerwache mag die Uniform der Reiter des Tissaphernes gekannt haben. Da sich ihre eigenen Beobachtungen mit der offiziellen Darstellung deckten, so wurden die Griechen in ihrer irrigen Meinung bestärkt. Als später Ariaios und andere vornehme Kyreer in vertraulicher Mitteilung die Wahrheit erfuhren, war das Band zwischen ihnen und den Griechen schon zerschnitten.

In Diodors Bericht über diese Begebenheiten läßt sich die griechische neben der persischen Quelle deutlich erkennen. Persischen Ursprungs ist zweifellos die Anerkennung, welche der Umsicht des Tissaphernes gezollt wird, denn die Griechen wußten nicht, daß er die Leitung der Schlacht übernommen hatte. Auf eine griechische Quelle dagegen weisen die Nachrichten über

---

[1] Der Ordonnanzdienst war im persischen Heere natürlich organisiert, doch versagte der Apparat wohl in der Panik, die durch die Flucht der Garde und die Verwundung des Königs entstand. Als der König stürzte, flüchtete, wie Ktesias beobachten konnte, das königliche Gefolge. Andere aus der riesigen Menschenmasse wurden herangedrängt. Darunter war wohl Mithridates, welcher den ansprengenden feindlichen Offizier — die Tiara hatte Kyros verloren — durch einen Speerwurf aus dem Sattel hob. Die wenigen, die ihn vielleicht erkannten, wußten möglicherweise nicht, wo der König war, und ob er noch lebte. Auch konnten sie sich nicht von ihrem Posten entfernen und wurden von der Schlacht mitgerissen. Ktesias erzählt, daß der König später die fliehenden Truppen dadurch aufhielt, daß er ihnen Kyros' Kopf zeigte; sie haben also nichts gewußt.

Ariaios und die Plünderung des Lagers hin, vielleicht ist XIV, 24, 3 οἱ δὲ μετὰ τοῦ βασιλέως ταχθέντες als erratischer Block aus dem griechischen Bericht zu betrachten.

Als die Phalanx, deren Sieg noch Kyros' Freude war, die Verfolgung endlich einstellte und den Feind im eigenen Lager entdeckte, war sie 30 Stadien von demselben entfernt. Indessen zogen die persischen Truppen den Griechen entgegen, zuerst in südlicher, dann in südwestlicher Richtung, so daß die Griechen einen Flankenangriff befürchteten und eine Defensivflanke — in der Richtung des Flusses — bilden wollten.[1]) Diese Absicht wurde aber nicht ausgeführt; der Feind änderte die Richtung und machte Front gegen die Griechen.[2]) Diese stimmten den Schlachtgesang an und schlugen die Perser, welche bei beginnender Dämmerung wohl nicht mehr übersehen konnten, daß der kühne Gegner nur vier Mann tief aufgestellt war, in die Flucht. Die Verfolgung endete bei einem Dorfe, hinter welchem eine Anhöhe lag. Der Gipfel derselben war von feindlichen Reitern, bei denen das königliche Feldzeichen war, besetzt. Sie zerstoben beim Anrücken der Griechen nach allen Richtungen. Die Sonne ging jetzt unter. Kleine Unterschiede zwischen Diodor und Xenophon sind wohl darauf zurückzuführen, daß das schwindende Tageslicht die Beobachtung erschwerte. Kämmel (S. 683) bezieht Diodors ἤδη νυκτὸς ἐπελθούσης (XIV, 24, 3) auf den Moment, wo beide Heere 30 Stadien voneinander entfernt waren. Es kann aber damit nur der Anfang des zweiten Gefechts gemeint sein; die Griechen hätten sonst die Bewegungen des Feindes nicht beobachten können. Es läßt sich Diodors hereinbrechende Nacht mit Xenophons Sonnenuntergang nicht so schwer, wie Kämmel annimmt, vereinen. Da sich Angriff und Verfolgung in kürzester Zeit abgespielt zu haben scheinen, so kann, als die Griechen vorgingen, auf der Ebene bereits Abenddämmerung gewesen sein, während der Gipfel der Anhöhe, vor welcher die Verfolgung zum Stehen kam, noch von der Sonne beleuchtet wurde, so daß Xenophon den Eindruck hatte, daß sie noch nicht

---

[1]) Vgl. Mangelsdorf, Zu Xenophons Bericht über die Schlacht von Kunaxa, Karlsruhe 1884, S. 14 ff.

[2]) Vgl. Reuss S. 13.

untergegangen wäre. Ebenso stimmt ὡς ἤδη νύξ ἦν (Diodor XIV, 24, 4) mit Xenophon überein. Nach Sonnenuntergang legten die Griechen die Waffen zur Rast nieder; bis sie dann zu ihren Zelten aufbrachen, war die in jenen Breiten kurze Abenddämmerung längst vorbei. Bei den verschiedenen Angaben über die Ankunft im Lager können Zeitirrtümer im Spiel sein, es ist aber auch zu bedenken, daß 13 000 Mann nicht gleichzeitig eintreffen können.

Während bei hereinbrechender Dunkelheit die Reiter, welche sich in den letzten Strahlen der Sonne um das königliche Feldzeichen geschart hatten, in regelloser Flucht über die Ebene jagten, saßen die Eunuchen des Kyros, welche ihren gefallenen Gebieter gesucht und gefunden hatten, klagend an seiner Leiche (Art. 12). Ein vorbeireitender höherer Offizier, Artasyras, entdeckte die Gruppe und erkannte einen der Eunuchen. Als er gehört, um wen sie trauerten, beeilte er sich, dem Könige Meldung zu machen. Dieser, welcher durch Schmerzen und Durst sehr gelitten hatte und schon alles verloren gab, wagte aus Furcht vor den Griechen, welche vielen Nachrichten zufolge alles niederwarfen, seinen Zufluchtsort erst zu verlassen, als sich eine größere Truppenmacht wieder um ihn gesammelt hatte. Hier ist Ktesias Augen- und Ohrenzeuge, auch tragen seine Mitteilungen das Gepräge der Wahrheit. Der Seelenzustand des Königs ist bezeichnend für seine Auffassung der Lage. G. Cousin (S. 51 ff.) will in dem Einbruch des Kyros ein törichtes, von vornherein aussichtsloses Unternehmen sehen; der Großkönig hat anders darüber gedacht.

Viel später als das griechische Heer muß die persische Armee zur Ruhe gekommen sein. Das Lager am Euphrat war vom Schlachtfelde weit entfernt, und es hat jedesfalls lange gedauert, bis die in völliger Auflösung befindliche Armee soweit gesammelt war, daß sie zurückgeführt werden konnte. Deshalb hat Ktesias die Ereignisse in eine so späte Stunde gelegt, daß sie schon durch die natürlichen Verhältnisse unwahrscheinlich wurden. Es lassen sich also die verschiedenen Zeitangaben durch die gegebene Situation erklären.[1]

---

[1] Wenn man ἤδη νυκτὸς ἐπελθούσης am Anfang des zweiten Angriffs nicht als Dämmerung auffassen will, so möchte ich nicht — wie Kämmel (686)

Um ein übersichtliches Bild zu geben, will ich die Ereignisse kurz vorführen.

Um die Mittagsstunde erhält Kyros die Meldung von dem Anrücken des Feindes. Die Kyreer stellen sich in Schlachtordnung, die Griechen auf dem rechten Flügel mit 1000 paphlagonischen Reitern, Kyros mit 600 Reitern im Zentrum; den linken Flügel kommandiert Ariaios.

Am Nachmittage kommt der Feind in Sicht, eine ungeheure Schlachtreihe, aus den verschiedensten Völkern und Truppengattungen zusammengestellt, in der Mitte der König mit 6000 Reitern. Bei tieferer Aufstellung ragt das Mitteltreffen über den linken Flügel der Kyreer hinaus.

Während die Asiaten vorgehen, stellen sich die Griechen in Schlachtordnung auf, dann rücken sie – anfangs langsam, später im Laufschritt – vor. Die Feinde weichen und die Griechen betreiben mit Eifer die Verfolgung. Die Reiter des Tissaphernes waren den Fluß entlang durch die griechische Wurfspießabteilung hindurch geritten. Den Lohn für diese kriegerische Leistung fanden sie in der Plünderung des kyreischen Lagers.

Die von Ariaios geführten Kyreer streiten tapfer. Kyros beobachtet – seine Reiter gesammelt haltend – das feindliche Zentrum. Er bemerkt, daß eine unbeschäftigte Abteilung eine Schwenkung macht, und fürchtet, daß sie den Griechen, deren Sieg er voll Freuden gesehen, gelten könnte. Er greift mit seinen Reitern an, sprengt die im Zentrum aufgestellte Kavallerieabteilung und erblickt den König mit seinem Gefolge. Er stürmt auf ihn zu, es kommt zum Kampfe, der König fällt, an der Brust verwundet, vom Pferde. Um sein Werk zu vollenden, reitet Kyros rücksichtslos in den Hagel von Geschossen, welche dem feindlichen Offizier von allen Seiten zufliegen, hinein. Ein Wurfspieß trifft ihn in der Kniekehle, und ein starker Blutstrahl

---

darin einen Diodorischen Zusatz zum Ktesianischen Bericht – sondern Ktesianische Färbung des griechischen Berichts sehen. Die Nachrichten von dem Siege der Griechen kamen erst spät zum Könige, und Ephoros kann durch die Ktesianische Darstellung beeinflußt worden sein. Es ist bezeichnend, daß Kämmel, um Ktesias mit Xenophon vereinigen zu können, in ἤδη σκότους ὄντος einen Plutarchischen und in ἤδη νυκτὸς ἐπελθούσης einen Diodorischen Zusatz zu Ktesias zu suchen gezwungen ist.

durchdringt die Satteldecke. Im nächsten Augenblick fällt er, an der Schläfe tödlich verwundet.

Der verwundete König suchte — von Ktesias und wenigen anderen begleitet — auf einer Anhöhe Zuflucht. Tissaphernes übernimmt das Kommando.

Ariaios ist von Kyros' Tod benachrichtigt, hat ihn, da er als Kommandeur des linken Flügels dem feindlichen Zentrum nahe stand, vielleicht selbst fallen sehen. Ihm scheint alles verloren, und da er eine Umfassung fürchtet, tritt er mit seinen Truppen den Rückzug an. Die königlichen Scharen verfolgen ihn bis zum Lagerplatz; da er sich auch hier nicht stellt, plündern sie die Vorräte der Kyreer; vom Gepäck der Griechen schlägt sie die griechische Lagerwache zurück. Die Griechen stellen die Verfolgung ein, kehren um und beraten.

Der Feind sammelt sich und zieht ihnen entgegen, anfangs südlich, dann in südwestlicher Richtung, so daß er in Flankenstellung zum linken Flügel der Griechen gekommen wäre. Diese sind im Begriff eine Defensivflanke zu bilden, als der Feind wieder die Richtung ändert und sich den Griechen gegenüber aufstellt.

Dämmerung deckt das flache Land, als die Griechen angreifen. Der Feind hält nicht stand, die Griechen verfolgen bis zu einer Anhöhe, deren Gipfel noch von der Sonne beleuchtet wird. Als der Feind die Anhöhe verlassen hat, schwindet das Sonnenlicht. Die Griechen machen halt, und nachdem sie gerastet haben, gelangen sie bei Beginn der Nacht zu ihren Zelten.

Der verwundete König bleibt, von Schmerzen und Ungewißheit gequält, bis die Nacht hereinbricht, an seinem Zufluchtsort. Von Vorübereilenden erfährt er, daß die Griechen siegen.

Indessen entdeckt Artasyras die an Kyros' Leiche klagenden Eunuchen, er beeilt sich, dem Könige Meldung zu machen. Dieser sendet 30 Fackelträger hin, und als sie die Bestätigung bringen, begibt er sich selbst zu seinem toten Rivalen. Er läßt ihm Kopf und Hand abschlagen, sammelt die Trümmer seiner Armee und führt sie in das Lager am Euphrat.

Wie weit war der rechte Flügel des königlichen Heeres an den Ereignissen dieses Tages beteiligt?

Da man im Hauptquartier über Stärke und Aufstellung der Kyreer unterrichtet war, so hatte er vielleicht die Aufgabe, den Feind zu umklammern. Seine äußerste Spitze mußte, da die persische Front wenigstens 60—70 Stadien lang war, einen größeren Marsch ausführen. Die sich überstürzende Folge der Ereignisse, der schnelle Sieg der Griechen, die Niederlage der Gardekavallerie, der Wechsel im Oberkommando und die Flucht des Ariaios ließen diesen Plan nicht zur Ausführung kommen. Wäre der Tag nicht schon zur Neige gegangen, dann hätte diese immerhin noch ungeheure Truppenmacht auf der weiten Ebene die vom Kampfe ermüdeten Griechen wahrscheinlich doch noch erdrückt. Unsicheres Licht wäre aber für Bogenschützen und Reiter viel ungünstiger gewesen als für die schwere Infanterie, von deren Zahl man sich auch auf die Nachricht von ihrem ersten Erfolge hin eine falsche Vorstellung gemacht haben kann. So unterblieb der Angriff. Möglich auch, daß der rechte Flügel an der Verfolgung des Ariaios teilnahm und sich dann gegen die Griechen wandte. Diese schlugen die Spitze der feindlichen Truppen, und die Fliehenden rissen bei hereinbrechender Dunkelheit alles mit sich, was noch im Vormarsch war. Es wäre bei der Beschaffenheit der persischen Armee auch nicht unwahrscheinlich, daß die intakten Truppenteile auf die Nachricht von der Niederlage des linken Flügels und der Gardereiterei in dem Glauben, daß Kyros Sieger sei, ohne weiteren Befehl den Rückzug angetreten hätten.

Die große Zahl der kämpfenden Truppen, die kurze Dauer des Kampfes, die einseitige Berichterstattung und die Tatsache, daß die Häupter beider Heere dem einheimischen Königshause angehörten, alles dieses dürfte manchen seltsamen Zug der Schlacht bei Kunaxa erklären.

IV. Die Truppen.

Griechischen Nachrichten zufolge war die Reiterei die vornehmste und erfolgreichste Waffe des persischen Heeres. Vielleicht verdankte sie dieses Ansehen mit dem Umstande, daß die Griechen selbst als Reiter nie geglänzt haben. Die arischen Völker haben diese Waffengattung schon früh im Kriege verwendet. Medien tritt in den Keilinschriften als pferdereiches Land auf, und medische Reiterei wird schon im 9. Jahrhundert genannt, als in Assyrien von den Streitwagen unabhängige Reiterabteilungen noch nicht existiert zu haben scheinen. Da das Pferd und die Reitkunst von Osten kamen, so stand die persische Reiterei der medischen in der Beschaffenheit des Pferdes und in der Ausbildung von Mann und Roß wohl nicht nach. In den Kampfschilderungen Hellen. III, 4 ist bei gleicher Zahl die persische Reiterei der griechischen immer überlegen, vor der griechischen Linieninfanterie räumt sie allerdings das Feld. Auch Klearch (Anabasis II, 4, 6) rühmt die feindliche Reiterei, und bei Kunaxa waren die Reiter des Tissaphernes die einzigen ins Gefecht gekommenen Truppen, die nicht geschlagen wurden. Wie zahlreich die persische Kavallerie war, ist daraus ersichtlich, daß Tissaphernes, der gewiß kein Wagehals war, mit seiner Reiterei das Heer des Agesilaos vernichten zu können glaubte (Hellen. III, 4, 12.)

Die Sichelwagen, von denen, wie Cousin (nach S. 438) berechnet hat, einer auf 6000 Mann kommt, haben bei Kunaxa nicht nur dem Feinde gegenüber versagt, sondern auch die eigenen Truppen geschädigt. Bedeutend mag ihre Wirksamkeit — da das kleinste Hindernis des Bodens dieselbe lahm legen mußte, wohl überhaupt nicht gewesen sein. Man mag mehr auf moralische Wirkung — Schrecken beim Feinde und erhöhtes Selbstvertrauen bei den eigenen Truppen — gerechnet haben.

Bei der hohen Achtung, die der Bogen in Persien genießt, und seiner mehrtausendjährigen Vergangenheit müßte man voraussetzen, daß die Bogenschützen besonders erfolgreich gewesen wären. Indessen haben sie den Griechen überhaupt keinen Schaden zugefügt. Von den asiatischen Kyreern fielen 3000 Mann, zum größten Teil wohl bei der Verfolgung — nachdem die Kyreer den Rückzug angetreten hatten. Die leichten Truppen haben auch in Griechenland nicht den Ruf der Standhaftigkeit, bei den Persern mußten sie mit der Peitsche in den Kampf getrieben werden (Anabasis III, 4, 25).

In „La bataille de Cunaxa" (S. 51 ff.) wird die Ursache der Niederlage darin gesucht, daß die Perser ausschließlich für den Fernkampf bewaffnet und geübt waren.[1]) Aber die Perser hatten schwere Infanterie und besaßen Schutzwaffen, Panzer und Schwert, Schild und Speer. Was ihnen für den Nahkampf fehlte, war das Vertrauen auf die Führung, der kameradschaftliche Geist und das militärische Ehrgefühl. Das große Viereck — *l'unité tactique de l'infanterie* — bestand nicht, wie der Anonymus annimmt (S. 6) aus Bogenschützen, sondern aus Schwerbewaffneten.[2]) Nicht eine außerordentliche Schußwirkung — 50000 Geschosse in den 2 Minuten, in denen der Feind die Gefahrzone durchquerte — war beabsichtigt, sondern unter starkem Druck ein gewaltiger Stoß. Diese Linieninfanterie scheint völlig versagt zu haben. Die vorderen Glieder, welche — auch gegen ihren Willen in den Feind gedrängt — mit ihren Speeren mechanisch wie Sichelwagen wirken

---

[1]) Anabasis III, 3, 6 und 4, 2 treten allerdings nur Leichtbewaffnete und Reiter auf. Diese sind bei der Verfolgung doch auch die berufenen Truppen. Freilich waren die Griechen auf dem Rückzuge, nicht auf der Flucht. Da sich aber die persische Linieninfanterie nicht einmal auf der Ebene bewährte, so war auf hügeligem Boden noch weniger von ihr zu hoffen. Hier konnten eher leichte Truppen und Reiter von der Unbeholfenheit der griechischen Infanterie Nutzen ziehen.

[2]) Sowohl Kyrupädie VI, 3, 20 und VII, 1, 33 als auch bei Schilderung der ägyptischen Abteilung bei Kunaxa I, 8, 9 wird ausdrücklich gesagt, daß sie große Schilde und Lanzen trugen. Da Xenophon von einem Widerstande der Ägypter bei Kunaxa nichts meldet, so hat er wohl aus ihrer Ausrüstung geschlossen, daß sie hätten leisten können, und teilt ihnen in der Kyrupädie eine heldenhafte Rolle zu, um seinem Schlachtenbilde mehr Leben zu geben. Ob man wirklich jemals 10000 Mann so aufstellte, sei dahingestellt.

mußten, ließen sich lieber niederhauen, als daß sie dem unter Schlachtgesang und Waffenlärm heranstürmenden Feinde ins Auge zu schauen wagten. Mit Unterstützung der Sichelwagen konnten die Griechen in dieser schwerfälligen Menschenmasse jenes Blutbad, von welchem Ktesias erzählt (Art. 13), anrichten; von den Bogenschützen, die den Mißerfolg ihrer Waffen schon aus einiger Entfernung beobachten konnten, die auch leichter gerüstet und weniger tief aufgestellt waren, sind ihnen wohl nicht viele zum Opfer gefallen.

Es gab auch für die Perser eine Zeit, in welcher der Nahkampf für ihre Kriegführung charakteristisch war. Durch die Kyrupädie geht es als Leitsatz, daß der große Kyros den Nahkampf einführte (VIII, 8, 22 u. ö.) und durch diese Kampfesform die Weltherrschaft errang. Daß wir hier einen historischen Hintergrund haben, zeigen uns die Denkmäler.[1]) Während auf Abbildungen aus neuassyrischer Zeit auf susischer Seite nur die Arier Stoßlanzen haben, tragen unter Dareios auch die susischen Gardisten außer Bogen und Köcher, wie sie sie schon als Soldaten der susischen Könige führten, die arische Nationalwaffe.[2]) Der jüngere Kyros, welcher wohl mit Eifer die Zeit des großen Ahnherrn studiert und bei seiner militärischen Begabung richtig verstanden haben mag, setzte vielleicht aus diesem Grunde alle Hoffnungen auf die griechische Infanterie und hat den Griechen gegenüber davon jedesfalls auch gesprochen.[3])

---

[1]) Natürlich gilt das nicht für den alten Orient überhaupt. Die altbabylonische Phalanx auf der Geierstele sowie assyrische Inschriften und Abbildungen zeigen, daß zur Zeit der Entfaltung ihrer kriegerischen Kraft, als sie erobernd vorgingen, die altorientalischen Heere auch dem Gegner auf den Leib gingen.

[2]) Billerbeck, Susa S. 138.

[3]) Der große Kyros war deshalb ganz ein Mann nach dem Herzen Xenophons, der in dem Nahkampf, in der Betätigung des persönlichen Mutes die vornehmste Form des Krieges sah. Die Meldung der Kyrupädie, daß Kyros den Reitern den Speer gegeben habe, wird vielleicht soweit zutreffen, als mit Speeren bewaffnete Reiterei sich in jenen Kämpfen besonders bewährt haben mag; man findet sie aber schon auf den assyrischen Abbildungen des 9. Jahrhunderts. Ganz unhistorisch, ganz eigene Phantasie oder Anlehnung an die griechische Heroenzeit ist aber, was Xenophon über den assyrischen Streitwagen sagt III, 3, 60. So mögen homerische Helden gekämpft haben, auf assyrischen Abbildungen verläßt der Wagenkämpfer nie den Wagen. Durch das Kampfgewühl jagt er, seine tödlichen Pfeile versendend, über Leichen und Trümmer dahin (Layard, Monuments of Niniveh I, Pl. 13, 14, 27, 28). Die Wagenkämpfer haben die Stoßkraft des Pferdes benutzt, nie als Plänkler gekämpft.

Aber dieses kriegerische Feuer brannte nicht mehr. Wenn auch zugegeben werden muß, daß bei Kunaxa noch andere Faktoren mitwirkten als die Tapferkeit der Griechen und die bessere Übung der Kyreer, so zeigt uns doch die Kriegsgeschichte jener ganzen Zeit das persische Reich in tiefem Verfall. Das Urteil, welches Kyros (Anabasis I, 7, 4) über das persische Heer fällt, ist durchaus nicht Liebedienerei gegen die Griechen; hätte er diese Überzeugung nicht gehabt, so würde er den Feldzug nicht unternommen haben. Auch Ariaios zeigt, als er II, 2, 12 die Verhältnisse nach der Schlacht durchaus nicht als verzweifelt ansieht, vor der Energie der persischen Heeresleitung wenig Furcht. Schon dadurch, daß sie mit Kyros mitgegangen sind, haben seine Offiziere ihr Urteil über das persische Heer zum Ausdruck gebracht. Ebensowenig schmeichelhaft für dieses ist das Lob, welches Tissaphernes sich selbst spendet: er wäre der einzige unter den persischen Heerführern, die mit den Griechen fochten, gewesen, der nicht die Flucht ergriffen hätte (II, 3, 19).

G. Cousin spricht wiederholt (53 f., 57, 92 f. u. ö.) von dem Nationalgefühl des persischen Volkes und der Königstreue des Heeres. Kann man von einer persischen Nation oder einer nationalen Armee überhaupt sprechen? Beloch[1]) schätzt die Zahl der in diesem ungeheuren Reiche dem Herrschervolke Zugehörigen auf etwas mehr als eine halbe Million. Daß der erobernde Staat einen unbedeutenden Ursprung hatte, geht schon aus den Worten hervor, mit welchen Nabû-na'id, der letzte König Babylons, den Kyros einführt:[2]) Der König von Ansan, sein (des Mederkönigs) kleiner Vasall.[3]) Rom und Aššur haben auch klein angefangen, aber sie haben Jahrhunderte zu ihrer Ausbreitung gebraucht. Beide hatten einen landhungrigen Bauernstand und konnten Kolonien aussenden; trotzdem hat Assyrien die Errungenschaften aus der Zeit seiner Weltherrschaft wohl auch nicht mehr verdauen können. Persien dagegen hat in kürzester Zeit den größten Teil seiner Eroberungen gemacht. Es verdankt

---

[1]) Bevölkerungslehre I, 252.
[2]) Abel-Winckler, Keilschrifttexte 40—43; vergl. Keilinschrifl. Bibliothek III, 2, S. 98.
[3]) Billerbeck a. a. O. S. 127. Im deutschen Mittelalter würde man das Erbfürstentum des Kyros eine Markgrafschaft genannt haben.

die Schnelligkeit seiner Erfolge dem assyrischen Schwerte und der babylonischen Kultur. Assyrien hatte in tausendjährigem Kampfe die nationale Eigenart der Völker zwischen dem Vansee, dem Mittelmeer und dem persischen Golf vernichtet und die Schutzwehren, welche es von den indogermanischen Völkern trennten, selbst eingerissen. Der medische Eroberer hingegen verfiel dem entnervenden Einflusse der babylonischen Kultur. So konnte das kleine Perservolk die Oberhand gewinnen, aber nur wie eine dünne Ölschicht auf einem tiefen, trüben Gewässer.[1]) Daß bis zur gegebenen Zeit die Perser das Reich nicht einheitlich zu gestalten vermocht hatten, zeigt neben vielem anderen auch der Unterschied, den die Griechen zwischen den Persern und den von ihnen unterworfenen Völkern machen.[2])

Aus dieser Beschaffenheit des Reiches geht aber hervor, daß Nationalgefühl und Königstreue kaum als wirksame Faktoren im Heere empfunden werden konnten. Höchstens in der Führung konnte die herrschende Rasse zur Geltung kommen. Aber selbst bei dem Kampfe in der Ebene bei Kunaxa, wo der Einfluß der Führung durch keinerlei Schwierigkeiten des Geländes aufgehoben wurde, wo die Gegenwart des obersten Kriegsherrn und das Massengefühl sich geltend machten, hat die Armee versagt. Es fehlte auch dem Offizierkorps der kriegerische Geist. Natürlich hat es auch einzelne tapfere Leute gegeben, — Artagerses konnte jedem Heere zur Zierde gereichen, — aber der Typus des höheren persischen Offiziers wäre eher in Tissaphernes zu suchen. Dieser Feldherr paßt zu den Truppen, deren Mut durch die Peitsche angefeuert werden mußte (III, 4, 25). Der äußere technische

---

[1]) Winckler (Helmolt, Weltgeschichte III, 152) betrachtet das persische Reich als eine Wiederholung des assyrischen im 8. und 7. Jahrh. In bezug auf die Erscheinungen wird W. recht haben, der assyrische Saknu lebt in dem Satrapen weiter und assyrische Heereseinrichtungen in der persischen Armee. Aber in ihren Kraftäußerungen sind diese Reiche doch verschieden. Während Assyrien um die Wende des 8. und 7. Jahrh. noch auf aufsteigender Bahn war und wenige Jahrzehnte vor seinem Verschwinden aus der Geschichte noch die stärksten Proben kriegerischer Kraft gab, finden wir Persien um die Wende des 5. und 4. Jahrh. in einem vorgerückten Stadium des Verfalls. Ein Hindernis, wie es die Widerstandskraft der Festungswerke und der Verteidiger Ninuas für den Meder war, hat Alexander auf seinem Siegeszuge nicht gefunden. Assyrien stürzte wie eine Eiche im Sturm, Persien brach wie ein morscher Stamm zusammen.

[2]) Xenophon, Memor. II, 1, 10.

Apparat, wie ihn wohl schon die Assyrer ausgebildet hatten — die alljährlichen Musterungen, die schnelle Mobilmachung, die Mannigfaltigkeit der Waffengattungen — funktionierte noch. Da die Strafgewalt größer war, so konnte im persischen Heere auch mehr Subordination sein als bei den Griechen. Aber die Disziplin, welche Cousin den Griechen abspricht (S. 179f.), war bei den Persern gewiß nicht zu finden; Disziplin ist das Vertrauen auf den Nebenmann und den Führer.[1]

Noch weniger wäre die von Cousin auf königlicher Seite vorausgesetzte nationale Gesinnung bei den kyreischen Asiaten zu suchen. Wenn, wie Cousin (S. 112) glaubt, diese nicht marschiert wären, wenn sie gewußt hätten, daß es gegen den König ging, dann wären sie, als sie die Wahrheit erkannten, auch sofort zum königlichen Heere übergetreten. Die Eingeborenen dieser entlegenen Provinzen standen dem Perserkönige fremd gegenüber, gehorchten dem Zwange, der militärischen Gewohnheit, vielleicht auch der Anhänglichkeit an die Führer. Selbst in dem Offizierkorps dieser fernen Karanie mag das nationale Element wenig vertreten gewesen sein. Mit Sicherheit kann man aber annehmen, daß die höchsten Offiziere, die Freunde und Getreuen des Kyros, dem Herrschervolke angehörten.

Nach Anabasis I, 5, 16 soll Kyros gesagt haben, daß, wenn die Griechen sich gegenseitig bekämpften, er von seinen eigenen Truppen niedergehauen werden würde. Hier kann doch nur ein Irrtum Xenophons oder, wenn bei jenem Zwischenfall vielleicht kein Dolmetscher zugegen war, ein falscher Ausdruck des Kyros vorliegen. Seine eigene Rasse beleidigte er freilich nicht, wenn er diese Asiaten herabsetzte, aber es wäre doch unklug gewesen, den Griechen für den bevorstehenden Riesenkampf das Vertrauen auf die Mitstreiter zu nehmen. Waren seine Truppen so gesonnen, wie Cousin annimmt, so hätte Kyros sie doch nur dem Könige als Verstärkung zugeführt. Das stimmt auch gar nicht mit I, 9, 17 überein, wonach Kyros eine Armee hatte, auf die er sich verlassen konnte, und ebensowenig mit I, 9, 14, wo es heißt, daß er seine Untertanen zu guten Soldaten zu machen suchte.

---

[1] von der Goltz, Das Volk in Waffen, S. 176ff.

Diejenigen, die mit ihm in den Tod gingen, waren doch auch Angehörige dieses Heeres.

Es erhebt sich die Frage nach der Zusammensetzung der asiatischen Streitmacht des Kyros. Als Karanos befehligte dieser einen Teil des königlichen Heeres, und als Satrap hatte er seine eigenen Truppen.[1]) Er war gewiß einer der vier höchsten Offiziere des königlichen Heeres, denn Tissaphernes, welcher bei Kunaxa unter diesen genannt wird, wurde Kyros' Nachfolger. Folglich war seine bisherige militärische Stellung nicht der des Kyros gleich oder gar übergeordnet. Daß Tissaphernes in der Schlacht zur Verfügung des Hauptquartiers stand, zeigt, daß seine Truppen nicht da waren.[2]) Wurden sie von Kyros geführt? Schwerlich. Um die Truppen, die dieser musterte, auf Kriegsstärke zu bringen, bedurfte es jedesfalls eines königlichen Befehls. Die ihm unterstellten ständigen Besatzungen lagen wohl zum größten Teil außerhalb der Grenzen seiner Satrapie. Nur die königlichen Truppen innerhalb derselben mag Kyros in sein Heer eingestellt haben; auch wäre es denkbar, daß die von den Vasallenfürsten — Paphlagonien, Kilikien — gestellten Truppen der Armeeinspektion, deren Chef er war, zugewiesen waren. Den Kern seines Heeres werden aber seine Haustruppen gebildet haben. Sie sind es, auf

---

[1]) Daß die Satrapen nicht nur Zivil-, sondern auch Militärgewalt besaßen, zeigen die zahlreichen Meldungen von Kämpfen, welche sie in eigener Sache, manchmal untereinander führten. Die Reiterabteilung, mit welcher Tissaphernes zum Könige eilte, stand zu seiner persönlichen Verfügung. Die in Festungen und größere Städte gelegten königlichen Truppen standen aber unter Befehl eines vom Satrapen unabhängigen Generals. Wir finden hier eine Einrichtung aus altbabylonischer Zeit. Nebukadnezar I. (1140 v. Chr.) rühmt in einer seiner Inschriften (V. Rawl. 55—57 K. B. III, 1. S. 164) die Vasallentreue des Ritti-Marduk, welcher in dem zwiefachen Sturm der Schlacht und eines Gewitters nicht von seiner Seite wich. Als königlicher Dank wurden die Besitzungen Ritti-Marduks von allen Lasten befreit. Weder die Zölle des Statthalters von Namar noch die des Königs sollten hier erhoben werden, und den Befehl über die Truppen in den Städten Ritti-Marduks sollte **weder der Statthalter noch der Nagiru** (königl. General) haben, II, 9 und 10. Der Karanos, dessen Sitz das militärische Zentrum eines größeren Gebietes bildete, war als Armeeinspekteur den Generalen jedenfalls übergeordnet.

[2]) Die obersten Heerführer waren bei Kunaxa vollzählig, die Truppen aber nicht. Der König brach von Ekbatana auf, ohne die indischen Truppen erwarten zu können (Diodor XIV, 22, 2), und die Streitkräfte, deren Karanos Kyros war, fehlten auch im Heere. Die den Kyreern gegenüberstehende Kriegsmacht wird also auch auf dem Papier weniger als 900 000 Mann betragen haben.

welche er soviel Mühe verwenden und auf deren Treue er bauen konnte. Seine Satrapie war von bedeutender Ausdehnung, der Krieg entsprach seinen persönlichen Neigungen und war der einzige Weg, auf welchem er ein Unrecht, welches er erlitten zu haben glaubte, rächen konnte — für ihn wenigstens; für Tissaphernes hätte es wohl noch andere Möglichkeiten gegeben.

Man darf also voraussetzen, daß Kyros alles tat, um das Kriegswerkzeug, über welches er verfügte, möglichst stark zu machen.[1] Da er über große Geldmittel gebot, so wird er auch für die Ausrüstung der Truppen mehr angewendet haben, als es in der Reichsarmee geschah. Sicher hat Kyros, der in des großen Ahnherrn Kämpfen die Macht der moralischen Größen, den Wert der militärischen Erziehung erkannt und in dieser Erkenntnis die Griechen als Mitstreiter erwählt hatte, auch in die eigenen Truppen so viel als möglich hineingebracht. Die kyreischen Offiziere kannten die Übermacht des Feindes, aber auch seine Schwächen und sind sich, als sie in den Kampf gingen, ihres größeren militärischen Wertes bewußt gewesen. Die Zahl der Toten auf königlicher Seite, deren größerer Teil wohl den asiatischen Kyreern zufiel, zeigt, daß sie erfolgreich gekämpft haben; auch von einem Griechen, der ihrer Aufstellung nahe stand, wird ihnen das Lob der Standhaftigkeit erteilt (Diodor XIV, 24, 1).

Cousin glaubt, daß die beiden Heere des Kyros dauernd in Mißtrauen und Abneigung gegeneinander gelebt hätten (S. 211 ff.). Es wurde schon darauf hingewiesen, daß nach Xenophons Mitteilungen zu schließen, die Beziehungen zwischen den Griechen

---

[1] Der Verfasser der „Bataille de Cunaxa" will aus gelegentlichen Angaben in Xenophons Schriften Schlüsse auf die Gliederung des persischen Heeres ziehen. (S. 6 f.) Im allgemeinen kann er recht haben, denn bestimmte Aufgaben sind gewiß nicht einer beliebigen Zahl von Leuten, sondern einem bestimmten Truppenteil zugewiesen worden. Die Abteilung von 2000 Pferden z. B., die die Bewegungen des königlichen Heeres verschleiern und die des Feindes erspähen sollte, Anabasis I, 6, 1, ist jedesfalls als geschlossener taktischer Verband anzusehen.. Falsch ist es aber, aus der Zahl der Truppen des Kyros auf ein persisches Armeekorps schließen zu wollen. Wenn die Friedensstärke desselben 100 000 Mann betragen hätte, so würde Tissaphernes, als Kyros' Nachfolger, dem Agesilaos andere Heere, als es tatsächlich geschah, entgegengestellt haben. Es ist uns auch unbekannt, wie weit Kyros' Heer aus königlichen Truppen bestand. Ferner ist Kyros nicht mit 100 000 Mann aufgebrochen, und wie groß sein Heer geworden wäre, wenn der König ihn, wie er ursprünglich wollte, in Ekbatana erwartet hätte, kann man auch nicht wissen.

und den Asiaten, mit welchen sie zusammen marschierten, gut gewesen sein müssen. Auch die Bemerkung II, 4, 2, daß die Asiaten in der Zeit des Abwartens sichtbar kälter wurden, läßt auf ein früher wärmeres Verhältnis schließen. Mithridates III, 3, 2 setzt bei den Griechen Kenntnis seiner persönlichen Beziehungen zu Kyros voraus.

Die Trennung der Heere nach Kyros' Tod beweist nicht, daß zu seinen Lebzeiten Antipathien zwischen ihnen herrschten.[1]) Mehr als 20 Tage haben sie gemeinsam auf Tissaphernes gewartet. Durch Einwirkung der Verwandten bei Hofe auf die Führer und direkte Botschaften des Königs an die Truppen (II, 4, 1) wurden die kameradschaftlichen Bande gelockert. Die kyreischen Heerführer konnten fürchten, von ihren Truppen verlassen zu werden. Ihnen selbst mußte, nachdem Kyros gefallen war, die Gnade des Königs als unverhofftes Glück erscheinen. Sollten sie fremden Söldnern Heimat und Familie, Besitz und Zukunft opfern? So ganz scheint die königliche Partei den Kyreern auch nicht getraut zu haben; Mithridates z. B. wurde durch einen Vertrauten des Tissaphernes überwacht (III, 3, 4). Wer weiß, ob Ariaios, als er mit Tissaphernes marschierte, ernsthaft Lust hatte, etwas gegen die Griechen zu unternehmen, wenn er auch dem Anschlag auf die Führer sich nicht entgegenstellen konnte. Es hat den Anschein, als ob Cousin in dem Verhalten der eingeborenen Kyreer eine weitere Stütze für sein abfälliges Urteil über die Zehntausend sehen will; der Eidbruch würde doch aber gegen die Asiaten sprechen.[2])

---

[1]) Daß sie nach der Schlacht getrennt lagerten und marschierten, geschah schon des schnelleren Fortkommens und der leichteren Verpflegung wegen. Ihre Vorratswagen waren doch geplündert. Natürlich können Reibungen, wie sie innerhalb einer Armee zwischen den verschiedenen Waffen vorkommen, bei Truppen verschiedener Nationalität und Sprache zu recht unangenehmen Zwischenfällen führen. Wahrscheinlich lagerten auch innerhalb des asiatischen Heerlagers die Landsmannschaften, Paphlagonier, Kilikier usw. gesondert. Beim Hinaufmarsch scheinen die von Kyros geführten Truppen — seine Garde — von den Griechen nicht getrennt gewesen zu sein; Pategyas rief den Begegnenden persisch und griechisch zu, daß der Feind im Anmarsch sei.

[2]) Man sollte an die beiden kyreischen Heere nicht das Maß anlegen, mit dem man Menschen mißt, sondern ihr Verhalten mit dem der Völker vergleichen, die ihre Bündnisse lösen, sobald die Interessen auseinandergehen. Ob aber die Griechen nicht vielleicht doch Eid und Kameradschaft höher gehalten hätten?

Mit Xenophon, ihrem Führer, sind auch die 10000 Griechen in Ungnade gefallen. Cousin und Mahaffy[1]) erklären sie für eine disziplinlose Bande, der nichts heilig war. Nur auf **Sold** und **Beute** gingen die Griechen aus, und ihre Zuchtlosigkeit, Uneinigkeit und Widersetzlichkeit gegen die Führer wurde nur von ihrer Gewinnsucht übertroffen.

Die gestrengen Richter gehen zu theoretisch vor, berücksichtigen zu wenig allgemein menschliche Schwächen sowie durch den Krieg geschaffene besondere Verhältnisse und legen den Maßstab moderner Anschauungen an zeitlich entlegene Zustände. Wie Blutrache und Strandrecht,[2]) so galt auf früheren Kulturstufen auch das Beuterecht als ein gutes Recht. Xenophon berichtet unbefangen, daß die Kameraden sich schämten, mit leeren Händen nach Hause zu kommen; in fränkischer Zeit beriet die Heeresversammlung unter Vorsitz des Königs über die Verteilung der Beute,[3]) und die assyrischen Kriegsberichte heben die Beute besonders hervor. Trotzdem hielten Germanen und Griechen die Soldatenehre hoch, und den Ruhm der assyrischen Waffen verkünden heute noch steinerne Zeugen.

Weil Xenophon einige Kameraden nennt, die sich in der Heimat unmöglich gemacht hatten, und andere, die durch den Zwang der Verhältnisse in dieses Abenteuer getrieben wurden, so folgert Cousin daraus, daß der Auswurf von Griechenland — *dix mille vauriens* — das Griechenheer des Kyros stellte. Xenophon nennt doch nur bei wenigen von den 13000 Mann gelegentlich die Gründe, die sie leiteten. Es sind darunter auch solche — er selbst, Klearch, Proxenos — die Ehrgeiz und kriegerischer Sinn unter Kyros' Fahnen führten.[4]) Die Verbannten — wenn auch manches schwarze Schaf unter ihnen war — sind wohl meistens die Opfer der häufigen Verfassungsänderungen — einer gewalttätigen Oligarchie oder einer mißtrauischen Demo-

---

[1]) Problems in Greek History S. 105; Dürrbach S. 383, A. 1 hat die Folgerungen widerlegt, welche Mahaffy aus der Aufnahme, die die Söldner in griechischen Städten fanden, gezogen hat.
[2]) Xenophon berichtet VII, 5, 13, daß die Thraker das Strandrecht als regelrechten Erwerb betrachteten und den Strand durch Grenzsäulen einteilten.
[3]) Schröder, Deutsche Rechtsgeschichte S. 149 und A 4.
[4]) VI, 4, 8. Viele waren durch des Kyros guten Ruf zu dem Feldzuge veranlaßt und hatten eigenes Vermögen zugesetzt.

kratie – gewesen. Isokrates sagt freilich auch, daß die meisten kyreischen Griechen mißlicher Verhältnisse halber die Heimat verließen.[1]) Der Peloponnesische Krieg hatte viele arm gemacht, durch die Sklavenarbeit war die Tätigkeit des freien Mannes entwertet. Kann man es den Verarmten zum Vorwurf machen, wenn sie auf die unter diesen Umständen einzig anständige und Erfolg versprechende Art ihren und ihrer Familien Unterhalt suchten?[2]) Sie trugen ihre Haut zu Markte; waren sie nicht mit Recht unzufrieden, wenn sie, während sie mit ihrem Blute zahlten, den Sold, mit dem sie sich auch noch unterhalten mußten, nicht pünktlich erhielten? Die Griechen des Kyros haben für ihren Arbeitgeber das Leben redlich eingesetzt; sind sie deshalb den zwangsweise ausgehobenen Söhnen des Völkerchaos gegenüber minderwertig? Werden sie nicht schon durch ihre Wertschätzung der persönlichen Freiheit und der Waffenehre über jene erhoben, die die Geißel in den Kampf trieb? Die Kampfesfreudigkeit der Griechen zeigt, daß nicht die Gewinnsucht allein sie ins Feld führte. Weshalb die überflüssige Verfolgung des geschlagenen Feindes bei Kunaxa? Sie wußten, daß der Weg zu den Schätzen Babels über den gefallenen oder gefangenen König ging, und gaben sich doch ihrer kriegerischen Leidenschaft hin. Die Perser hingegen plünderten mit Eifer und Gründlichkeit das kyreische Lager, ohne daran zu denken, den von den Griechen verfolgten Kameraden zu Hilfe zu kommen oder des Prätendenten, von dessen Tod sie nichts wußten, habhaft zu werden.

Weil die Griechen, nachdem sie das Schwarze Meer erreicht hatten, sich nicht beeilten nach Hause zu kommen und noch weitere Kriegsdienste annahmen, glaubt Cousin, daß die von Xenophon so oft betonte Vaterlandsliebe leere Phrase wäre. Aber jene Männer waren doch in der Mehrzahl ausgezogen, um ihre und ihrer Angehörigen wirtschaftliche Lage zu verbessern, und daß sie, um nicht mit leeren Händen zu kommen (IV, 1, 17),

---

[1]) Paneg. 146.
[2]) In seiner Beurteilung von Cousins Werk (Neue philol. Rundschau 1905, S. 418) findet Hansen das Urteil über die Söldner sehr treffend, *„auri sacra fames* trieb die meisten". In welcher Zeit, in welchem Lande, in welcher Gesellschaftsklasse hat sich die Kraft dieser Triebfeder noch nicht geäußert?

jede Gelegenheit, die sich ihnen bot, wahrnahmen, liegt doch in der Natur der Sache. Wie sehr es sie beglückte, den Weg in die Heimat offen zu finden, zeigt der Freudenausbruch beim Anblick des Meeres. Der von Xenophon selbst nicht ernst gemeinte Vorschlag III, 2, 23 ff., sich in einer der reichsten Gegenden Persiens festzusetzen, mußte den Soldaten leichter ausführbar erscheinen als ein Rückzug, den unbekannte Schwierigkeiten des Geländes unmöglich machen konnten. Ihr Heimatsgefühl zeigten die Griechen auch, als sie die Gründung einer Kolonie am Schwarzen Meere, deren große Zukunft Xenophon mit guten Gründen wahrscheinlich machte, verwarfen. In ihren heimatlichen Städten waren sie arme Schlucker, hier konnten sie die Herren sein, sich durch Raubzüge Sklaven, Vieh usw. beschaffen und ihre Familien nachkommen lassen. Xenophon konnte in dieser bewaffneten Bürgerschaft höchstens *primus inter pares* werden; seine Kameraden, die aus den Kämpfen, die sie bestanden hatten, das stärkste Selbstvertrauen mitbrachten, konnten seiner Vorherrschaft zu jeder Zeit ein Ende machen. Was machte ihnen den Plan Xenophons, dessen klugen Rat sie so oft erprobt hatten, unsympathisch? Was bewog sie, das ruhm- und machtvolle Ganze, dem sie angehörten, aufzulösen und vereinzelt in das Dunkel zurückzukehren, aus dem sie hervorgegangen waren? Nur die Liebe zur engeren Heimat; bei diesen *dix mille vauriens* fand der Grundsatz der Gesinnungslosigkeit — *ubi bene, ibi patria* — keinen Anklang.

Cousin vergleicht ganz gut das Griechenheer mit einer Republik (S. XXXIV);[1] das starke Band nationaler Zusammengehörigkeit gab ihm die innere Festigkeit.[2] Hier wird ein Söldnerheer durch das Nationalgefühl, den Kitt eines Volksheeres, zusammengehalten, während dem persischen Reichsheere das nationale Rückgrat fehlte.

---

[1] Diese Erscheinung liegt aber nicht im Griechentum, sondern in dem freien Kriegerstande. Auch die Verbände der deutschen Landsknechte hatten republikanischen Charakter (Barthold, Georg von Frundsberg S. 19, 27 und 85).

[2] Wenn die I, 3, 3—7 berichtete Rede Klearchs auch eine Finte war, so zeigen die darin angeschlagenen Töne doch, daß Nationalgefühl und Kameradschaft die im Griechenheere am stärksten klingenden Saiten waren. So scheint auch Tissaphernes zu urteilen, da er für die Führung der Griechen auf den Dank von ganz Griechenland zu rechnen behauptet (II, 3, 18).

Pietät gegen die Toten (IV, 2, 23), Achtung vor dem Alter (II, 3, 11 f.) und Ehrfurcht vor den Göttern, das sind Charakterzüge unserer Söldnerschar;[1]) ihre glänzendste Seite ist ihre todverachtende Tapferkeit. Sie kennen nur eine Furcht — für feige gehalten zu werden (III, 1, 30), und greifen unverzagt jede Übermacht an. Es gibt keine stärkere Phalanx als die aus guten Kameraden zusammengesetzte, sagt Xenophon (Kyrupädie VII, 1, 30). Während die Perser nicht einmal in der Ebene, wo die Festigkeit der taktischen Verbände am wenigsten auf die Probe gestellt wird, standhalten, zeigt der Wettstreit bei der Erstürmung des Felsennestes der Taochen (IV, 7, 10 – 12) die innere Festigkeit des Griechenheeres. III, 3, 5 versuchen Kyreer die ehemaligen Kameraden aufzuwiegeln und von den Führern abwendig zu machen; es gelang ihnen nur mit einem Hauptmann und 20 Mann. Daß sie in jener anscheinend aussichtslosen Lage zu den Führern hielten, den schönen Versprechungen der ehemaligen Waffenbrüder nicht trauten und den furchtbaren Marsch wagten, macht ihrem nationalen und soldatischen Ehrgefühl, ihrem Mut und ihrer Urteilskraft alle Ehre. Und diesen Truppen will man Disziplin absprechen? Man denkt dabei wohl an Subordination![2]) Diese mit den Kameraden ewig streitenden, mit dem Vorgesetzten immer in Widerspruch stehenden Soldaten greifen frohen Mutes das größte Heer, die stärkste Stellung an in unerschütterlichem Vertrauen auf den Nebenmann und den Führer.

Wenn man Tissaphernes, der die Vorsicht für der Tapferkeit besseren Teil ansah, als Typus des persischen Heerführers betrachten könnte, so wäre wohl in Klearch der Vertreter des

---

[1]) Xenophon beschönigt die Zustände nicht im mindesten; warum soll man ihm, wo er von tapferen Taten, kriegerischem Ehrgefühl, patriotischer Gesinnung spricht, den Glauben versagen? Warum sollten diese impulsiven Griechen durch Kyros' Großmut gegen die Deserteure (I, 4, 9) nicht gerührt sein? Die Reden und Betrachtungen der Führer und Soldaten müssen dem Ton und den Anschauungen in griechischen Söldnerheeren entsprochen haben, denn Xenophon schrieb für eine Zeit, in der das Söldnerwesen eine verbreitete Sache war. Auch bei Diodor lautet der Leitsatz der Verhandlungen mit dem Könige: Lieber sterben, als die Waffen abgeben.

[2]) Daß Subordination im militärischen Leben eine gute Sache ist, war auch den Griechen klar (Anabasis I, 3, 15). Letzten Endes haben die Führer meistens ihren Willen durchgedrückt; was aber den Griechen gänzlich abging, war der schweigende Gehorsam.

griechischen Kriegers, besonders des Spartaners, zu sehen.[1]) Er vereinigt in sich Kampfesfreudigkeit und kriegerische Energie mit der pedantischen dorischen Kampfesweise. Er ist klug und stolz und weiß sich in schwierigen Lagen zu helfen. Aber ein Feldherr, der unter neuen Verhältnissen neue Wege findet, war er nicht. Xenophon zollt Klearchs militärischen Tugenden alle Anerkennung, daß er in ihm aber sein militärisches Ideal sah, glaube ich nicht. Für Kyros den Großen findet er andere Töne. Jene kurze Unterredung zwischen Klearch und Kyros vor der Schlacht erzählt Xenophon ohne Kommentar, er nennt nur die Gründe auf beiden Seiten. Daß er den ihm in vielen Dingen sympathischen Spartiaten nicht tadelt, verlangte schon die Rücksicht auf Sparta. Wäre ihm Klearchs Handlungsweise aber besonders löblich erschienen, so hätte er wohl doch ein Wort der Anerkennung für Klearch und einen leisen Tadel für Kyros gehabt, der durch sein Ungestüm diesen weisen Plan durchkreuzte.

Ob Plutarchs von Rüstow so abfällig beurteilte Kritik der Schlacht (Art. 8) seine eigene Leistung ist? Er schickt voraus, daß er einige merkwürdige Umstände anführen wolle, die Xenophon übergangen habe.[2]) Vielleicht überliefert Plutarch hier eine Ansicht, die in militärischen Kreisen seiner Zeit entstanden ist. Grote pflichtet derselben bei.[3]) Nach seiner Meinung hat die Furcht, aus der unbeschildeten Flanke oder im Rücken angegriffen zu werden, den griechischen Krieger schon oft zu Bewegungen veranlaßt, die mit der Kriegerklugheit nicht in Einklang standen. Es wäre

---

[1]) Nikolai (Politik des Tissaphernes) S. 28, der bei der Mohrenwäsche, die er an Tissaphernes vornimmt, durch Verdunkelung der Nebenfiguren auf seinen Helden ein helleres Licht fallen lassen will, wirft dem Klearch vor, daß er die Griechen über das Ziel des Zuges getäuscht habe. Derselbe Vorwurf wird von verschiedenen Seiten auch Kyros gemacht. Wie konnten Kyros und Klearch es anders anfangen, wenn das Ziel geheim bleiben sollte. Dion, welcher Leben, Familie und Besitz aufs Spiel setzte, um Platos Idealstaat zu verwirklichen, der nur darnach trachtete, den göttlichen Urbildern ähnlich zu werden, hat für seinen heroischen Zug zur Befreiung von Syrakus die Söldner auch unter falschen Vorspiegelungen anwerben lassen. Plut. Dion 23.

[2]) Plutarch scheint noch einen anderen griechischen Bericht als den Xenophons für die Schlacht benutzt zu haben. Der Anmarsch des Feindes ist zwar ähnlich, aber ausführlicher geschildert (Art. 7). Daß der König vom Siege der Griechen nichts gemerkt hatte, steht auch in Widerspruch zu Xenophon, nach welchem der König eine Abteilung gegen die Griechen schickte.

[3]) History of Greece V, 31.

ein Hauptfehler von Klearch gewesen, die rechte Flanke zu behalten. Nicht nur während des ganzen Marsches, sondern auch in betreff des Kampfes bei Kunaxa wäre Kyros' Urteil gesünder gewesen als das des Klearch.

Dagegen wollen Holländer (S. 20) und Mangelsdorf (S. 5) nachweisen, daß Klearch nach der Organisation der Hoplitenphalanx nicht anders handeln konnte. Als typisches Beispiel für die griechische Taktik stellt Holländer (S. 22) die Schlacht von Korinth im Jahre 394 hin. Klearchs Plan wäre gewesen, mit der Phalanx, deren schildlose Flanke durch den Euphrat gedeckt war, die Feinde zu werfen, bald die Verfolgung abzubrechen und die feindliche Schlachtlinie aufzurollen. Da Kyros die griechische Fechtweise nicht kannte, so hätte er „unbesonnen, leidenschaftlich und planlos wie er war", als er die Griechen bedroht glaubte, durch „einen Angriff der Verzweiflung" sich in den Tod gestürzt und Klearchs Plan vereitelt.

Klearch hat aber die Verfolgung nicht b a l d abgebrochen, sondern mit Eifer und Nachdruck betrieben. Bei der vorgerückten Stunde mußte dadurch der Zweck des Kampfs, ein entscheidender Sieg, vereitelt werden. Die Schlacht bei Korinth bietet keine Parallelen zur Schlacht bei Kunaxa. Schon die Z a h l der kämpfenden Truppen schließt diesen Vergleich aus. Ferner standen in griechischen Schlachten Truppen einander gegenüber, bei denen die Unterschiede in der Bewaffnung und Kampfesweise nicht bedeutend waren. Jeder einzelne Mann hatte Initiative und wußte, wofür er kämpfte. Das ungeheure Heer, gegen welches Kyros focht, war in Nationalität, Bewaffnung und Kampfesweise ungleich, das Individuum ging hier unter, man kämpfte weder für ein Prinzip noch um Gewinn, sondern auf Befehl eines einzigen. Das Schema der griechischen Gefechte, bei welchen die Entscheidung im Kampfe der beiderseitigen rechten Flügel lag, war hier nicht am Platze, wo das Zentrum die beiden stärksten Faktoren der Armee vereinigte, den König und die besten Truppen. Fiel der König oder wurden die Elitetruppen in die Flucht geschlagen, so war die Schlacht auf der ganzen Linie entschieden. Es leuchtet also ein, daß nur ein Angriff auf das

Zentrum bei der vorgerückten Stunde eine Entscheidung hätte herbeiführen können.[1]

Klearch kannte das Ziel des Feldzuges; wenn er die persische Armee nicht für minderwertig gehalten hätte, konnte er an keinen Kampf denken. Die schildlose Flanke der Phalanx war durch 2500 Peltasten und 1000 Reiter gedeckt. Klearch konnte ferner auf Kyros rechnen; dieser hätte, falls gegen alle Wahrscheinlichkeit das Zentrum den Anprall der Griechen eine Weile ausgehalten hätte, die Phalanx vor Umfassung geschützt. Als sie trotz Klearchs Vorsicht in Gefahr kam, im Rücken angegriffen und niedergehauen zu werden, griff Kyros sofort ein.

Das war kein „Angriff der Verzweiflung"; das bewies die Flucht der königlichen Reiterei. Daß Kyros die Perser kannte, wird man nicht bestreiten können. Kenntnis der griechischen Fechtweise wird ihm freilich abgesprochen, obgleich man erwarten sollte, daß der persische Prinz, der mit einem Griechenheere den Thron erobern wollte, die griechische Fechtweise besser gekannt hätte als ein Gelehrter unserer Tage.

Da Klearch nach eigenem Ermessen handelte, so trägt er auch die Verantwortung für den Ausgang der Schlacht, welche vielleicht einen anderen Verlauf genommen hätte, wenn Xenophon an seiner Stelle gewesen wäre.

Xenophon hat die Idealschlacht von Tymbrara auf mannigfaltiger Waffenwirkung und gegenseitiger Unterstützung aufgebaut. Klearch dagegen zeigte durch sein Verhalten bei Kunaxa, daß für ihn nur die Phalanx existierte, daß er von seinen Mitstreitern keine Notiz nahm und den Kampf nach dem üblichen Schema griechischer Schlachtentaktik zu führen gedachte.

Die asiatischen Kyreer konnten also von der Kriegskunst der Griechen, den im Peloponnesischen Kriege gemachten Fortschritten in der Taktik[2] nicht viel Nutzen ziehen. Die militärische

---

[1] von der Goltz, Volk in Waffen: Eine tüchtige Heerführung wird beim Ansetzen der Massen zum Stoße niemals danach fragen, in welches Verhältnis dieselben zu ihrer natürlichen Rückzugslinie geraten, sondern nur, in welcher Richtung ihre Kräfte am schnellsten und am meisten entscheidend zur Geltung kommen.

[2] Cousin a. a. O. S. 222. — Einen wirklichen Fortschritt machte die griechische Taktik erst unter Epaminondas. Delbrück, Geschichte der Kriegskunst I, 130 f.

Überlegenheit der Griechen beruhte auf ihrem individuellen Wert und auf der auch durch Sichelwagen nicht zu erschütternden inneren Festigkeit der Phalanx.

In sittlicher Beziehung zeigt das Griechenheer manchen abstoßenden Zug, manche häßliche Szene spielt sich ab, aber geschieht dergleichen nur bei den Griechen? Was man im modernen militärischen Leben nicht an die große Glocke bringt, wird hier naiv gemeldet. Sollen wir die Gegner der Griechen höherstellen, weil kein Xenophon ihr intimes Leben geschildert hat? Die Fehler, die diese Griechen haben, finden wir überall, im militärischen, auch im bürgerlichen Leben, aber ihre Vorzüge sind außerordentlicher Art.

Die Tatsache bleibt bestehen, daß 13 000 griechische Söldner im Herzen des persischen Reiches stehend, von gewaltiger Übermacht umgeben, durch Eidbruch und Meuchelmord ihrer Führer beraubt, sich weder durch Drohungen noch Verheißungen von dem Entschluß abbringen ließen, den unbekannten Rückweg zu erkämpfen, und daß sie ihn trotz feindlicher Scharen und eisiger Stürme, trotz rauher Gebirge und reißender Ströme erkämpft haben. Das ist ein glänzendes Zeugnis für die Intelligenz, Tapferkeit und Vaterlandsliebe jener verlassenen Söldnerschar.

V. Kyros.

Satrape, Karanos, roi, fils du roi, aux yeux du Roi il n'est rien qu'un esclave (δοῦλος). Seul le Roi est libre. Für diese Auffassung von der rechtlichen Stellung des Kyros beruft Cousin sich auf die Aussagen der Griechen, denen zufolge alle Perser Sklaven waren bis auf einen.[1]

Nach unseren Begriffen ist die Sklaverei die niedrigste Unfreiheit; ein Sklave hat keinen Rechtsschutz.

Das Recht ist im alten Orient früh ausgebildet worden. Schon im dritten Jahrtausend v. Chr. hatte man dem Gesetzbuch Hammurabis zufolge eine hochentwickelte gesellschaftliche Ordnung, verschieden von der unsrigen, aber vielleicht nicht weniger verwickelt.[2] Für die weitere Ausgestaltung des Rechtswesens in den folgenden Jahrtausenden haben wir in den Keilinschriften reiches Material, denn Frau Justitia ist allezeit schreibselig gewesen. Daß babylonische Rechtsanschauungen und Gepflogenheiten in Persien weiterlebten, zeigen uns Rechtsurkunden aus der Zeit Dareios II. und Artaxerxes II.[3] Von Rechtlosigkeit der Perser kann also nicht die Rede sein, wenn auch der Rechtsschutz den verschiedenen Bevölkerungsschichten in verschiedenem Maße zuteil geworden sein mag. In den Staaten des Altertums hatten die Unterworfenen nicht die gleichen Rechte mit den Angehörigen des Herrschervolkes.[4] Daß es auch in Persien so war,

---
[1] a. a. O., S. 28 f.
[2] Winckler, Der alte Orient und die Geschichtsforschung. Mitt. d. Vorderasiat. Ges. 1906, S. 61.
[3] Hilprecht, Babyl. Expedition of the University of Pensylvania S. A. Cuneiform texts IX and X.
[4] Schröder, a. a. O., S. 49 f. Hörigkeit, das Erzeugnis des abendländischen Kriegsrechts, ist wohl auf freiwillige Unterwerfung des Besiegten, Sklaverei auf gewaltsame Unterwerfung zurückzuführen. Auch das Geschick der von Assyrien besiegten Völker hing von dem Grade des Widerstandes, den sie leisteten, ab.

ist daraus ersichtlich, daß Sokrates den Vorzug des Herrschens an dem Verhältnis der Perser zu den unterworfenen Völkern deutlich machen will.[1)]

Die Perser hatten in rechtlicher Beziehung also eine bevorzugte Stellung. Daß die Griechen sie trotzdem als Sklaven betrachteten, lag wohl in dem Charakter des altorientalischen Königtums, über dessen Grundlagen sie sich schwerlich klar wurden.

Das Königtum ist aus einer staatsrechtlichen und einer religiösen Wurzel erwachsen. Bei den indogermanischen Völkern war der König ursprünglich die Spitze der Volksgemeinde, deren Rechte allmählich auf ihn übertragen wurden: der König ist, sozusagen, das personifizierte Volk.[2)] Er ist aber auch der Vertreter der Gottheit. Kyros und Kambyses haben in Babylon mit der Krone Bels auch das Gottesgnadentum, die Erbschaft der babylonischen Könige, übernommen.[3)] Von Dareios I. ab betonen die Perserkönige in ihren Inschriften, daß Auramazda ihnen die Herrschaft übertragen hat.[4)]

In dem Könige vereinigen sich also staatliche und priesterliche Gewalt. Seine Willensäußerungen — im Prinzip Bekundungen des göttlichen Willens und des weltlichen Gesetzes — können nicht der Willkür eines Sklavenbesitzers gleichgestellt werden.

Haben wir aber eine Überlieferung, welche uns zu der Behauptung berechtigt, daß der Perserkönig an kein Gesetz gebunden war?[5)] Er hatte vielleicht nur als oberster Kriegsherr

---

[1)] Xenophon, Memor. II, 1, 10; vgl. Kyrupädie VIII, 5, 24 ff.

[2)] Schrader, Reallexikon der indogermanischen Altertumskunde 1901, S. 444.

[3)] Inschrift auf dem Tonzylinder des Kyros. Abel-Winckler, Keilschrifttexte S. 44 b, K.-B. III, 2, S. 120 ff.

[4)] Weißbach und Bang, Die altpersischen Keilinschriften. S. 13, Bh. 7, 4.

[5)] Hauptsächlich wird die προσκύνησις die Griechen zu ihrer Ansicht über die Perser geführt haben. Für diese, auf der mehrtausendjährigen Entwicklung des Königtums und der Ausbildung des Gottesgnadentums beruhende Erscheinung konnten die Griechen, da ihnen die religiöse Grundlage fremd war, kein Verständnis haben, wie die Anschauungen des alten Orients, die auf besondern Voraussetzungen begründet sind, auch heute nicht immer verstanden werden. Die Griechen, bei denen das persönliche Element im Vordergrunde steht, mußten die ihnen unverständliche Huldigung peinlich empfinden, besonders als sie später auf jeden Höherstehenden übertragen wurde. Das Byzantinertum hat freilich auch in Griechenland artige Blüten getrieben. Wenn wir aber nach Duris' Mitteilungen über die Huldigungen, die Lysander zuteil wurden (Plut. Lys. 18), auf

unumschränkte Gewalt auch über Angehörige der herrschenden Rasse. Die Satrapen, welche nach den Meldungen der Griechen auf Befehl des Königs hingerichtet wurden, sind für Fehler und Nachlässigkeiten im Kriege oder gar für Landesverrat bestraft worden.[1]) Damit ist nicht bewiesen, daß königliche Willkür auch in das Privatrecht eingreifen durfte – im Prinzip wenigstens, in der Praxis kommen auch in demokratischen Staaten Übergriffe vor.

Es bleibt auch noch die Möglichkeit bestehen, daß jene Hinrichtungen nicht ohne Richterspruch vollstreckt worden sind. Wir finden dafür sogar ein Zeugnis auf griechischem Boden in dem Bericht Xenophons über die Verurteilung des Orontes. Kyros stand damals den Seinen als angehender Großkönig gegenüber. Wenn er es für nötig hielt, nahe vor dem Feinde einen überwiesenen Verräter vor ein Kriegsgericht zu stellen, dann war dieses wohl nicht zu umgehen. Dabei finden wir feste Formen. Sieben Standesgenossen und ein Grieche bilden den Gerichtshof.[2]) Kyros erhebt die Anklage und gibt dem Angeklagten das Wort zur Verteidigung. Darauf erfolgt die Abstimmung. Auf ein Zeichen des Vorsitzenden erheben sich die Beisitzer und fassen den Gürtel des Angeklagten an. Als er so hinausgeführt wird, wissen seine Anhänger, daß er sterben muß. Man hatte also ein festes allbekanntes Zeremoniell, das Ergebnis einer längeren Entwicklung. Es wäre nicht unwahrscheinlich, daß, als Tithraustes zur Hinrichtung des Tissaphernes nach Sardes reiste, nicht der König **befohlen**, sondern der oberste Kriegsherr **gerichtet** hatte.

---

griechische Anschauungen über Menschenwürde schließen wollten, würden wir wohl zu einem Trugschlusse kommen. Und was für Berichte haben wir über Persien? Angaben von Leuten, die in den meisten Fällen die Sprache nicht kannten und auch nur ausnahmsweise Fühlung mit den oberen Bevölkerungsklassen hatten. Selbst Gäste persischer Satrapen wie Alkibiades konnten sich, von sprachlichen Schwierigkeiten ganz abgesehen, am Hofe ihrer in Kleinasien residierenden Gastfreunde kaum ein richtiges Bild von persischen Anschauungen und Gepflogenheiten machen.

[1]) Für solche Fälle gibt es auch heute noch besondere Strafen. In altarischer Zeit ist der König zunächst nur Kriegsbefehlshaber über die zu einem Stamm vereinigten Geschlechter; Eingriffe in diese königliche Machtstellung können mit dem Tode bestraft werden. (Leist, Altarisches jus gentium, S. 342.) Auch in fränkischer Zeit ist der König Herr über Leben und Tod, sobald es sich um Krieg oder Landesverrat handelt.

[2]) Vgl. hierzu Schröder, Deutsche Rechtsgeschichte, S. 176.

Keinesfalls können wir von modernen staatsrechtlichen Anschauungen aus einen Perser als Sklaven betrachten.

Über die Ursachen, welche den Kampf der Brüder herbeiführten, haben wir eine doppelte Überlieferung. Nach der einen wurde Kyros, von Tissaphernes verleumdet, gefangen genommen und nur durch die Dazwischenkunft der Mutter vom Tode gerettet. Über den erlittenen Schimpf erbittert und für seine Sicherheit fürchtend, beschloß er, wohl im Einverständnis oder wenigstens mit Unterstützung der Mutter gegen den Bruder zu kämpfen (Anabasis I, 1).

Nach der anderen Lesart beabsichtigte Parysatis von vornherein dem Lieblingssohn, der nach der Thronbesteigung des Vaters geboren war, die Krone zuzuwenden. Als aber Artaxerxes König wurde, hätte Kyros versucht ihn zu ermorden, wäre gefesselt, aber durch die Mutter befreit worden. Mutter und Sohn hätten ihren Plan aber nicht aufgegeben, sondern den Kampf gegen den König unternommen.

Die erste Darstellung stammt von den Freunden des Kyros — persischen und griechischen — und Xenophon tritt persönlich dafür ein. Die andere bringt Plutarch als Gerücht (Art. 3). Dieses kann im feindlichen Lager entstanden sein, denn die siegreiche Partei hatte, gleichviel, ob die Anklage gegen Kyros wahr oder falsch war, Grund und Gelegenheit genug, den Besiegten möglichst zu belasten. Vielleicht war es auch eine jener Legenden, wie sie sich bei solchen Anlässen ohne bestimmte Tendenz zu bilden pflegen. Daß der Berichterstatter — Plutarchs Quelle — diese Version nicht für sicher gehalten haben dürfte, wäre schon aus der bedingten Form der Darstellung zu schließen.[1] Wenn es, wie wahrscheinlich, Ktesias war, dann steht ein an anderer Stelle erhaltener Teil seines Berichts in vollem Widerspruch dazu. Er lautet: Nach der Schlacht verkündet ein Bote der Parysatis den Sieg des Kyros — um nicht gleich seinen Tod zu melden. Die Königin fragt in Freude und Aufregung nach dem älteren

---

[1] Plutarch hat dieser Erzählung vor anderen, ähnlichen den Vorzug gegeben, weil das Gewand des großen Kyros darin eine Rolle spielt. Es wird auch erzählt, daß Kyros sich empörte, weil der König ihm die Tafelgelder vorenthielt (Art. 4.) Ktesias wird alles berichtet haben, was in Umlauf war, denn Plutarch wirft ihm gerade in bezug auf diese Dinge Hang zum Fabulieren vor.

Sohne. Er ist entflohen, lautet die Antwort. — Tissaphernes, ruft die Königin aus, ist die Ursache dieses Unglücks. — Nach einer Weile fragt sie: Und wo ist Kyros? — Da wo die Tapferen sein sollen.[1])

Diese kleine Szene nennt Cousin (S. 90) *„un fidèle tableau d'histoire."*

Wenn Parysatis von vornherein bestrebt gewesen wäre, den älteren Sohn zugunsten des jüngeren vom Throne zu verdrängen, weshalb sollte sie diesen Ausgang dann als Unglück ansehen? Kyros war Sieger und Artaxerxes' Leben durch Flucht gerettet; konnte sie Besseres wünschen? Und wofür war denn Tissaphernes verantwortlich zu machen, für die Flucht des Königs? Oder gar für den Sieg des Kyros? Sah aber Parysatis den Bruderkampf a n s i c h als Unglück an, war er durch Tissaphernes' Ränke herbeigeführt worden und Xenophons Angabe richtig, dann hatte sie ein Recht zu jenem Ausruf, und die von Ktesias berichtete Szene ist *un fidèle tableau d'histoire*.

Trotzdem wird Xenophons Darstellung, die sich allein mit dieser Erzählung deckt, von Cousin verworfen. Dabei liegt doch in der Zurücksetzung des Tissaphernes durch Ernennung des Kyros zum Karanos und in dem Charakter dieses Satrapen eine hinreichende Begründung für die Rolle, die er bei Xenophon spielt. Zu gewagt war sein Spiel auch nicht, denn er konnte bei Hofe auf eine mächtige Bundesgenossin rechnen, Stateira. Diese war der Parysatis feindlich gesinnt.[2]) Was lag näher, als die Verhaßte in ihrem Lieblingskinde zu treffen? Daß die gepriesene Sanftmut der Stateira mehr in ihrem Äußern oder in der Art, wie sie sich gab, als in ihrem Charakter lag, zeigt der Haß, mit dem sie Klearch verfolgte. Was war, nachdem der Feind ihrer Familie gefallen war, ein Werkzeug desselben, ein fremder Söldnerführer, in den Augen einer persischen Königin? Nur die äußerste Rachsucht oder der Haß gegen die Schwieger-

---

[1]) Ktesias ed. Didot. S. 73, 42.

[2]) Auch Cousin glaubt, daß Stateira die Schwiegereltern haßte, weil ihre Familie auf Befehl derselben vernichtet wurde. Auch sie sollte fallen, aber den Bitten des Sohnes nachgebend, trat Parysatis bei dem Gatten für die Schwiegertochter ein. Doch dankte Stateira der, die ihre Familie vernichtete, das eigene Leben nicht. Ktes. Exc. 56.

mutter, die den treuen Diener des Sohnes schützen wollte, konnte sie zur Vernichtung eines unschädlichen Fremdlings treiben. Auch daraus, daß sich die beiden Königinnen bei den Mahlzeiten voreinander fürchteten (Art. 19), geht hervor, daß sie einander nichts nachgaben. Tissaphernes konnte also bei Stateira einen Rückhalt finden. Wiederholt sahen ihn die Griechen in Gesellschaft des Bruders der Königin (Anabasis II, 3, 17 und 28). Vielleicht gab es in dem wohl wie anderwärts eng verwandten Hochadel eine ganze der Parysatis feindliche Partei; denn viel Liebe wird sie bei ihrer Gemütsart nicht gesät haben.

Wenn die Mutter in gutem Glauben für Kyros' Unschuld eintrat, dann fiel das für ihn ins Gewicht; sie mußte also seine Mitschuldige sein. Die besondere Liebe der Parysatis zu Kyros gibt noch keinen Grund zu der Annahme, daß sie die Thronfolge ändern wollte. Wäre das ihr Plan gewesen, so hätte sie nie geduldet, daß Kyros Susa verließ; vielmehr hätte sie ihn sobald als möglich standesgemäß verheiratet, ihm Gelegenheit gegeben, sich durch seine glänzenden persönlichen Eigenschaften möglichst volkstümlich zu machen[1]) und in der Nähe des Vaters jede Gelegenheit wahrzunehmen, im Todesfalle ihm nahe zu sein. Wenn Parysatis den Gatten immer beherrscht hat – hier ist Ktesias ein zuverlässiger Zeuge (Exc. 49) – dann wäre es unwahrscheinlich, daß gerade in der Zeit der Krankheit, wo sich der Einfluß der Frau besonders geltend zu machen pflegt, dieses Übergewicht verloren gegangen wäre.

Nachdem der König in blindem Zorn gegen den Bruder vorgegangen war,[2]) zwangen sie die Verhältnisse dazu, sich auf die Seite des Schwächeren zu stellen.

Hätte sie aber, wenn sie schon vorher für Kyros die Krone

---

[1]) Cousin S. 31 glaubt, daß Kyros vom Vater nach Kleinasien geschickt wurde, weil er sich durch seinen Stolz in Susa unmöglich gemacht hatte. Aber gerade auf dieser Altersstufe hatten die Eltern noch Mittel, den Sohn zu bändigen, und würden ihn dann am wenigsten aus den Augen gelassen haben. Man hätte, um einen stolzen, eigenwilligen Knaben unschädlich zu machen, nicht zwei hohe Beamte zurückgesetzt. Da Kyros es verstand, die Herzen der Griechen zu gewinnen, mit denen er wahrscheinlich nur durch Dolmetscher verkehrte, hätte er sich auch in der Heimat beliebt machen können.

[2]) Wenn Kyros dem Könige in allem überlegen war, mag dieser, dem nur die Geburt einen Vorzug gab, auf den Bruder mehr mit Mißtrauen als mit Liebe geblickt haben.

erstrebt hatte, den bei der Tat Ergriffenen befreien und gar in seine hohe Stellung zurückführen, in Susa weiter für ihn wirken können? Es deutet nichts darauf hin, daß ihre Macht über den ältern Sohn **vor** Kyros' Fall so groß war wie **nach** demselben, obgleich sie nach menschlichem Ermessen nun als gefallene Größe zu betrachten gewesen wäre und von Tissaphernes, der den Griechen ihre Ländereien preisgab, auch so behandelt wurde. Trotzdem hat sie die Hinrichtung derer, die an Kyros Hand angelegt und dem Könige Krone und Leben gerettet hatten, durchsetzen und den Mord der Stateira wagen dürfen. Das wäre unerklärlich, wenn nicht der Stateira feindliche Einflüsse nach der Schlacht wirksam geworden wären. Vielleicht hat durch den Einzug der Aspasia in den Harem des Artaxerxes[1]) die Macht der Stateira ein starkes Gegengewicht und Parysatis eine Bundesgenossin erhalten.

Aelian (XII, 1) berichtet, daß schon vorher freundliche Beziehungen zwischen Parysatis und Aspasia bestanden haben, und nach der Schlacht vereinte sie die Trauer um Kyros. In dieser Stimmung ist Aspasia schwerlich dem Gegner des Kyros geneigt gewesen.[2]) Möglicherweise hat die letzte Tat Stateiras, die von ihr durchgesetzte Hinrichtung Klearchs, in welchem Aspasia den Landsmann, bei ihrem beiderseitigen Verhältnis zu Kyros vielleicht auch den Freund betrauerte,[3]) eine Sinnesänderung herbeigeführt. Das würde zu Art. 18 passen, wonach Stateira zur Sühne für

---

[1]) Aelian a. a. O. XII, 1. Plutarch (Art. 26) erzählt, daß Aspasia die Ursache des Zerwürfnisses zwischen Artaxerxes und seinem ältesten Sohne Dareios war. Ob diese merkwürdige Geschichte psychologisch erklärlich ist oder nicht, jedenfalls hat diese in der Schlacht bei Kunaxa gefangene, durch Geist, Charakter und Schönheit ausgezeichnete Griechin auf Artaxerxes einen dauernden Einfluß ausgeübt, der wahrscheinlich die durch den Aufstand des Kyros und die bedeutend gewachsene Macht des Tissaphernes erschütterte Stellung der Königin-Mutter wieder befestigt hat.

[2]) Plutarch erzählt (Art. 17), daß Parysatis dem Könige bei seinen Liebeshändeln behilflich war. Wahrscheinlich ist es Parysatis gelungen, die Griechin umzustimmen, indem sie ihr klar machte, daß, um Kyros zu rächen, Stateira gestürzt werden müsse. Da diese Sache noch vor dem Tode der Stateira berichtet wird, so paßt das auf den Zeitpunkt, in welchem Aspasia in Gefangenschaft kam.

[3]) Wie sollte Xenophon sonst von Aspasias hervorragender geistiger Begabung etwas gewußt haben, wenn nicht vielleicht Klearch Gelegenheit hatte, über ihren Verstand zu urteilen?

den Tod Klearchs fiel.¹) Daß Aspasia ihren Einfluß auf den König zugunsten der Partei des Kyros benutzte, liegt auf der Hand.

Aus dem Siege der Parysatis über Stateira sind also keine Schlüsse für den Einfluß der Königin-Mutter v o r dem Feldzuge des Kyros zu ziehen. Wenn diese schon zu Dareios' Lebzeiten einen durch persische Gepflogenheiten tatsächlich gestützten Anspruch des Kyros durchzusetzen versucht hätte und der angebliche Mordversuch als ungesetzliche Geltendmachung rechtmäßiger Ansprüche aufzufassen war, dann wäre das weitere Verhalten des persischen Hofes − Duldung der Parysatis, Belassung des Kyros in seiner Stellung und die Bestürzung bei der Nachricht von seinem Kriegszuge − unbegreiflich.²) Lag aber kein Grund vor, die dem Kyros vom Vater geschaffene Stellung als provisorisch zu betrachten, hatte Parysatis Kyros zwar als ihren Liebling ausgezeichnet, zu einer Änderung der Thronfolge aber nie einen Schritt getan, wäre dies gar gegen die Tradition gewesen, dann konnte, nachdem der Angeklagte aus Mangel an Beweisen und auf Bitten der Mutter freigelassen war, zwar Mißtrauen zurückbleiben, die Stellung des Prinzen und seiner Mutter aber brauchte sich nicht zu ändern. Man hatte dann auch keinen Grund, etwas dem kühnen Kriegszuge Ähnliches zu befürchten, und es war für Parysatis leicht, Warnungssignale, die etwa nach Susa gelangten, als blinden Lärm hinzustellen, bis Tissaphernes selbst mit seinen Truppen erschien.

Daß bei dieser Nachricht die Freunde des Kyros, in erster Linie die Mutter, aufs heftigste angegriffen wurden, ist natürlich. Parysatis faßte aber die Anklage der Stateira (Art. 6) als Beleidigung auf.

Daß wir über die in diesem Drama handelnden Personen so verworrene, widerspruchsvolle Nachrichten haben, ist nicht zu verwundern; denn Ktesias war kein kritischer Kopf und Plutarch kann seinen Erzählungen aus andern Quellen mehr zugesetzt

---

¹) So berichtet Ktesias (Art. 18), und da er Vermittler zwischen Klearch und Parysatis war, so konnte er die Wahrheit wissen.

²) Anabasis I, 1, 7 ff. Wie hätte Kyros vom König Vorteile Tissaphernes gegenüber verlangen können, wenn er in Gegenwart des Königs bei einem Mordversuch festgenommen wurde und Tissaphernes der Retter war?

haben, als wir erkennen können.[1]) Jedesfalls ist Xenophons Erzählung klar, logisch und unverdächtig.[2])

Noeldecke[3]) hat wohl richtig gesehen, wenn er in der Sendung des Kyros nach Kleinasien die Hand der Parysatis vermutet. Es war eine Lebensstellung, die die Eltern dem Sohne geschaffen hatten. Eine reiche Satrapie mit schöner Hauptstadt hatten sie ihm ausgesucht, und daß durch die Entfernung von Susa ein weiter Raum zwischen dem temperamentvollen Kyros und dem wankelmütigen Bruder gelegt wurde, mag ein weiterer Vorzug in den Augen der Eltern gewesen sein. Auch für äußeren Glanz hatten sie gesorgt, denn Kyros war König und hatte einen Thron von Gold und Silber (Lys. 9). Den Neigungen des Sohnes entsprechend, hatten sie ihn durch hohe militärische Stellung ausgezeichnet. G. Cousin (S. 16) schließt aus dem Verhalten der Satrapen gegen die athenische Gesandtschaft, daß Kyros ihnen übergeordnet war. Allein Kyros hatte für die Unterstützung Spartas einen besonderen Auftrag des Königs, und die Satrapen gehorchten vielleicht dem königlichen Befehl, nicht dem Überbringer desselben.[4]) Es wäre denkbar, daß Kyros als

---

[1]) Ktesias scheint über Aspasia und ihre Gefangennahme die von Xenophon, Plutarch, Art. 26 (dieses Kapitel geht nicht auf Ktesias zurück), und Aelian gemeldet wird und ihm sicher bekannt war, ganz geschwiegen zu haben, sonst hätten Plutarch und Photios diese für griechische Leser interessante Sache wenigstens gestreift. Daß solche Unterströmungen Ktesias entgangen wären, ist nicht wahrscheinlich; vielleicht hat er über Aspasia, weil sie eine Griechin war und, als er schrieb, noch im Harem des Königs lebte, nicht berichten wollen.

[2]) Neuhaus (S. 15 u. ö.) wirft Xenophon und Ktesias vor, daß sie überall bestrebt wären, Kyros in das beste Licht zu stellen. Sie sahen ihn in diesem Lichte, während seine Gegner, um ihre eigenen Taten zu rechtfertigen, ihn herabsetzen mußten. Wenn wir die beiden Gegner betrachten, Kyros, der mit den Waffen in der Hand seine eigene Person für sein Recht oder Unrecht einsetzt, und Tissaphernes, der überall, auch im Kriege gegen Agesilaos, mit Vertragsbruch und Meineid vorging, dann muß man doch zugeben, daß im kyreischen Lager ein frischerer Wind wehte.

[3]) Gött. gel. Anz. 1884, S. 294.

[4]) Cousin (S. 51 f.) tut Kyros Unrecht, wenn er ihm wegen der schlechten Behandlung der athenischen Gesandten Wortbrüchigkeit und Verletzung ihres geheiligten Charakters vorwirft. Wortbrüchig ist entweder der König oder der Satrap, der den Athenern versprochen hatte, was er nicht halten konnte. Kyros kam mit bestimmten Befehlen — sogar der Sold für die lakedämonischen Seeleute war ihm vorgeschrieben (Hellen. I, 5, 5). Seine Vorliebe für Sparta ist wohl erst später durch den Einfluß Lysanders und die Freude des Prinzen an der spartanischen Infanterie hervorgerufen worden.

oberster Kriegsherr dieses Gebiets ein Übergewicht über die Satrapen besaß — in der äußeren Politik wenigstens.

In seiner Satrapie scheint sich Kyros häuslich eingerichtet zu haben. Xenophon (I, 9) erzählt von einer Reihe von Maßnahmen für die öffentliche Sicherheit und anderen Wohlfahrtseinrichtungen.[1]) Auch war er bestrebt, den Wohlstand und die Wehrkraft seiner Provinz zu heben. Ferner zeigen die Verschönerungsanlagen in seinem Park, die Bäume, die er selbst pflanzte (Oikon. IV, 20 ff.), daß er sich hier ein angenehmes Heim schaffen wollte, nicht einen provisorischen Posten zum Abwarten. Dazu war er von Susa viel zu fern.

Es muß auch in der letztwilligen Bestimmung des Vaters zugunsten des jüngeren Sohnes etwas den Thronfolger Bindendes gelegen haben, denn es scheinen auch andere Perserkönige in dieser Weise für die jüngeren Söhne gesorgt zu haben.[2])

Tissaphernes hatte also die Aussicht, diesen unbequemen Nachbarn nie los zu werden. Er war durch ihn in seiner Macht geschädigt und militärisch gewissermaßen degradiert worden.[3]) Ohne Zweifel war es eine große Ungerechtigkeit, einen älteren bewährten Mann ohne jeden äußeren Grund um eines dem Knabenalter kaum entwachsenen Jünglings willen in seinen Rechten so zu verkürzen. Hier ist wohl die gewalttätige Natur der Parysatis zu erkennen, welche sich über alle Rücksichten, die man auch in einer absoluten Monarchie auf einen hohen Staatsbeamten zu nehmen pflegt, hinwegsetzt. Daher Tissaphernes' Haß gegen sie.

Aber abgesehen davon, daß er gerechten Grund hatte, verbittert zu sein, mußte ihm auch Kyros' Persönlichkeit un-

---

[1]) Cousin schenkt diesen Dingen keine Beachtung.

[2]) vgl. Ktesias, Persica 8. — Die Stellung eines den Königstitel führenden Prinzen-Statthalters ist vielleicht der eines reichsunmittelbaren Fürsten gleich gewesen. Vielleicht hat man Kyros in der Hoffnung nach Kleinasien geschickt, daß diese entfernten Provinzen vom Reich leicht zu lösen wären. Möglicherweise gab es unter den Vasallen solche, die von den Achämeniden stammten. Selbst die Stellung eines Satrapen scheint auf den Sohn überzugehen; Hellen. IV, 1, 32 beklagt Pharnabazos die Zerstörung der schönen Paläste und Gärten, die sein Vater hinterlassen hat.

[3]) Nach Thukydides VIII, 5 war Tissaphernes bis zur Ankunft des Kyros στρατηγὸς τῶν κάτω, also Karanos.

sympathisch werden. Wir wollen nicht untersuchen, wie weit das Lichtbild, welches Xenophon von ihm gibt, dem Original ähnlich sehen könnte,[1] aber sein Kriegszug zeigt ihn als einen rücksichtslos vorgehenden, zu großen Maßnahmen geneigten Mann, und ein solcher mußte einem gewandten, mit vielseitigen Fähigkeiten ausgestatteten mittelmäßigen Staatsmanne, einem diplomatischen Jongleur[2] auf die Nerven gehen. Tissaphernes arbeitete mit kleinen Mitteln, Kyros in großem Stile und bevorzugte das erfolgreichste und stärkste Werkzeug der Politik, den Krieg. Gegen diesen hatte Tissaphernes eine entschiedene Abneigung. Gewandt als Diplomat und verwegen im Verbrechen,[3] war er als Heerführer unentschlossen und feige.[4] Das hat er einige

---

[1] Wenn wir auch einige Schatten hineinsetzen, so bleibt dem Bilde, welches wir aus Xenophons, Plutarchs und Diodors Erzählungen gewinnen, noch Glanz genug; hohe Begabung, hohe Ziele. Man hat Xenophons Begeisterung für Kyros mit der Vorliebe alter Soldaten für ihre Führer verglichen. Aber ein Athener, der zu den beliebtesten Schriftstellern des Altertums gehörte, der erste militärische Theoretiker, stand einem Barbarenfürsten doch wohl etwas kritischer gegenüber als die Heineschen Grenadiere ihrem Idol. Kyros muß es freilich verstanden haben, die Herzen zu gewinnen, denn seine Freunde gehen mit ihm in den Tod, während Artaxerxes, der Erwählte Auramazdas, von seiner nächsten Umgebung verlassen wurde, als er verwundet vom Pferde sank. Wie sehr Kyros seinerseits dem Zauber der Persönlichkeit zugänglich war, zeigen seine Beziehungen zu Aspasia und Lysander.

[2] G. Cousin (XLVI, 96 u. ö.) hält Tissaphernes für einen großen Mann, und Nikolai (a. a. O. S. 4) zählt seinen Namen zu den wenigen großen, die die persische Geschichte aufzuweisen hat. Was wissen wir denn von der persischen Geschichte? Doch nur das, was wir aus einigen Königsinschriften und den Nachrichten der Griechen entnehmen können. Am persischen Golf war der Schwerpunkt des Reiches, der Sitz einer mehrtausendjährigen Kultur und des Handels mit Indien. Hier können die bedeutendsten Feldherrn und Diplomaten gesessen haben, die größeren und einflußreichsten Satrapen. Der uralte Handelsweg zum Mittelmeer ging über Babylon und Syrien. Kleinasien und Griechenland waren schon mehr entlegene Gebiete. Die Nachrichten, die wir über Tissaphernes haben, geben keine Grundlage für Cousins Ansicht. Tissaphernes wußte geschickt die Zwistigkeiten der Griechen zu benutzen und sie gegeneinander auszuspielen. Das war doch aber keine große Politik, die einem Weltreiche Ansehen geben konnte. Daß die Griechen von Tissaphernes und Pharnabazos nicht gerade groß dachten, zeigt Art. 21.

[3] Hellen. IV, 1, 32 sagt Pharnabazos, daß er noch nie eidbrüchig gewesen sei wie Tissaphernes. Anab. II, 3, 28 schwuren Tissaphernes und der Bruder der Königin einen Meineid. Ariaios und seine Offiziere leisteten den Eid wenigstens in gutem Glauben. Sie brachen ihn aus Charakterschwäche unter dem Zwange der Verhältnisse.

[4] Friedrich (S. 28) und der Verfasser der „Bataille de Cunaxa" scheinen über diesen Satrapen anders zu denken, wohl auf Grund der Lobeserhebungen, welche Diodor XIV, 23, 7 seiner Tapferkeit zollt. Diese Meldung, die mit dem, was Tissaphernes sonst als Soldat geleistet, gar nicht im Einklang steht, erklärt

Jahre später im Kriege gegen Sparta hinlänglich bewiesen. Die spartanische Kriegführung war, ehe Agesilaos kam, elend genug; Tissaphernes hat sie noch überboten. Deshalb gelang es auch seinen Gegnern, ihm, der so sicher im Sattel saß, den Hals zu brechen. Als ihm der Vernichtungskampf gegen die Griechen übertragen wurde, hat er ihn in seiner Weise geführt, indem er mit Meineid und Mord arbeitete und größere Kämpfe vermied.[1])

Der Gedanke, dauernd einen so kühnen, tatkräftigen, durch Geburt und vornehme Stellung ihm übergeordneten Nachbarn zu behalten, kann für Tissaphernes keinen Reiz gehabt haben. So lange Dareios regierte und Parysatis allmächtig war, konnte er natürlich nichts weiter gegen Kyros unternehmen, als daß er Fühlung mit denen zu gewinnen suchte, deren Wünsche in derselben Richtung gehen mußten. Als aber Artaxerxes den Thron bestieg und Stateira zur Herrschaft gelangte, konnte Tissaphernes ohne große persönliche Gefahr einen Schlag führen, von welchem er Genugtuung für erlittenes Unrecht und Wiederherstellung der früheren besseren Verhältnisse erhoffen durfte.

---

sich wohl dadurch, daß er das Kommando gerade übernahm, als Ariaios den Rückzug antrat. Tissaphernes war sicher klug genug, um diesen Vorteil auszunutzen und in Babylon seine Verdienste ins rechte Licht zu stellen. Ktesias, auf welchen Diodor hier zurückgeht, hat dann harmlos das Lob von Tissaphernes' Tapferkeit verkündet.

[1]) Cousin sagt (S. 98): *„Tissaphernes infatigable poursuit les Dixmille, les pousse peu à peu loin de la capitale, les dirige habilement vers les montagnes des farouches Karduques, avant de retourner dans son gouvernement, et ne les quitte que le jour où, certain qu'ils ne pourront plus retourner en arrière, il a le droit de les juger perdus."* Ist das die Kriegführung eines der höchsten Heerführer eines Weltreiches? Cousin glaubt, daß der Perserkönig an dem Schicksal der Griechen kein Interesse mehr gehabt hätte. Dem steht zunächst eine bestimmte Angabe Plutarchs entgegen (Art. 20). Ferner hat Artaxerxes vor den Griechen gezittert, und das vergibt ein Großkönig nicht. Außerdem lag es im Staatsinteresse, die Nachricht von den heillosen Zuständen im Innern des großen Reichs nicht unter die Leute kommen zu lassen. Mahaffy (S. 105) behauptet zwar, daß die Schwäche des persischen Reiches den Griechen nichts Neues war. Man hat allerdings schon vorher gewußt, daß die griechischen Soldaten den persischen überlegen waren; daß aber auch die um den Thron gescharten Elitetruppen nicht einmal durch die Masse wirken konnten, war den Griechen doch etwas Neues. Daß der Zug der Zehntausend die Griechen zu andern Anschauungen gebracht hat, spricht Isokrates deutlich aus (Paneg. 145), denn trotzdem er für Kyros nichts, und für sein Griechenheer wenig übrig hatte, betont er doch immer wieder, daß durch diesen Zug die innere Schwäche des Perserreichs der Welt klar wurde. Der Zug des Kyros zeigte wie ein Scheinwerfer den Weg, den Agesilaos gehen wollte und Alexander gegangen ist.

Es sprechen also alle Umstände dafür, daß Parysatis recht hatte, wenn sie Tissaphernes als den Urheber alles Unheils anklagte (Ktes. Didot 73, 42). Man hatte sich insofern verrechnet, als die Mutter noch Macht genug hatte, um den Sohn zu retten. Aber der Stachel des Mißtrauens blieb, die Stellung der Königin-Mutter wurde erschwert, und man konnte auf bessere Gelegenheit warten.[1]) Daß Kyros mit dem Schwerte in der Hand eines Tages Genugtuung fordern könnte, hat in dieser unkriegerischen ränkesüchtigen Gesellschaft wohl niemand für möglich gehalten.

Der erlittene Schimpf reichte wohl hin, um Kyros zum äußersten zu treiben. Er mußte sich auch sagen, daß, sobald die Mutter nicht mehr für ihn eintreten konnte, er vogelfrei wäre. Aber es mag unter den zur Krönung versammelten Fürsten und Großen auch Mißvergnügte gegeben haben, die die Erbitterung des Prinzen für ihre Zwecke ausbeuten wollten. Von national denkenden Männern, die glaubten, daß das Wohl des Reiches eine starke Hand erfordere, erzählt Ktesias (Art. 6).

Es gibt eine Reihe von Anzeichen, die darauf hinweisen, daß der Aufstand des Kyros das persische Reich in seinen Grundfesten erschütterte.

Als nach der Schlacht bei Kunaxa das Verhältnis zwischen den beiden kyreischen Heeren anfing kühler zu werden, richtete ein Soldat an Klearch die Frage, weshalb man noch warte. Der König wolle das Verderben der Griechen: καὶ νῦν μὲν ἡμᾶς ὑπάγεται μένειν διὰ τὸ διεσπάρθαι αὐτῷ τὸ στράτευμα· ἐπὴν δὲ πάλιν ἁλισθῇ αὐτῷ ἡ στρατιά, οὐκ ἔστιν ὅπως οὐκ ἐπιθήσεται ἡμῖν. (Anab. II, 4, 3.) Was soll das heißen? Wenn der König weiter keine Gegner hatte als Kyros und seine Truppen, dann mußte die Armee ja gerade bei Kunaxa versammelt gewesen sein und hätte unmittelbar nach der Schlacht das Griechenheer erdrücken können. Wie aber, wenn Kyros' Marsch das Zeichen zum Aufstand in verschiedenen Teilen des Reiches gegeben hätte? Der Trotz des paphlagonischen Fürsten (V, 6, 8), der dem

---

[1]) Man hat diese auch herbeizuführen versucht. Kyros wirft Anabasis I, 6, 6 dem Orontes vor, daß er im Einverständnis mit dem Könige ihm die Burg von Sardes zu entreißen versucht hätte. Zwischen dem Könige und dem Befehlshaber der Burg von Sardes wird Tissaphernes wohl der Vermittler gewesen sein.

Könige die Heeresfolge verweigerte und dem Kyros 1000 Reiter schickte, sowie die zweideutige Haltung des Syennesis von Kilikien weisen auf Beziehungen zwischen Kyros und persischen Vasallen hin. Dann hätte der König zunächst die ganze Streitmacht aufgeboten, um das Haupt der Empörung zu vernichten, und darauf die Truppen sofort nach den bedrohten Punkten geschickt, um das Feuer des Aufstandes zu löschen. Wenn ihre Rückkehr zu erwarten war, konnte jeder Aufschub für die Griechen gefahrvoll werden. Eine Bestätigung dafür finden wir bei Isokrates. Dieser will nur in der Tatsache, daß die Griechen auf dem Rückzuge das königliche Heer durchbrechen konnten, nicht in den Entscheidungskämpfen den Beweis für ihre Überlegenheit sehen. Panegyr. 145 τὰς μὲν γὰρ ἄλλας μάχας ὅσας ἡττήθησαν ἐῶ, καὶ τίθημι στασιάζειν αὐτοὺς καὶ μὴ βούλεσθαι προθύμως πρὸς τὸν ἀδελφὸν τὸν βασιλέως διακινδυνεύειν. Wenn Isokrates darauf verzichten will, die Schlacht bei Kunaxa als ein Ruhmesblatt in der griechischen Kriegsgeschichte anzusehen, dann muß der Zwiespalt im feindlichen Lager doch offenkundig gewesen sein. Am Tage der Schlacht haben sich die Griechen allerdings für die Sieger von Kunaxa gehalten; aber konnte auf ihren Erfolg hin Kyros sich – wie Plutarch (Art. 11) und Xenophon (I, 8, 21) übereinstimmend berichten – schon als Sieger betrachten? Wahrscheinlich sind große Truppenmassen während der Schlacht zu Kyros übergegangen oder haben sich vom Kampfe fern gehalten. Daß der Meder Arbakes, welchen Xenophon (I, 7, 12) als einen der vier großen Generale nennt, zu Kyros überging, berichtet Plutarch (Art. 14). Da Arbakes wahrscheinlich auf dem rechten Flügel stand – die Griechen scheinen seine Fahnenflucht doch nicht bemerkt zu haben – so wären wir über die Taten eines Teiles dieses Flügels nun schon unterrichtet. Abrokomas, dessen Heer bereits, ehe Kyros an die syrischen Pässe kam, volle Kriegsstärke hatte, machte keinen Versuch den Feind aufzuhalten oder in der Flanke zu bedrohen; zum Entscheidungskampf kam er dafür aber fünf Tage zu spät.

Wahrscheinlich sind schon, als die Nachricht von dem Vormarsch des Kyros in Susa eintraf, Unglücksbotschaften von allen Seiten gekommen; daher die Panik am Hofe und die Absicht des Königs, Babylon preiszugeben (Art. 7). Wenn dann vor und während der Schlacht noch weitere Nachrichten von Fahnenflucht und der zweifelhaften Haltung hoher Truppenführer kamen, dann ist die Verzweiflung des verwundeten Königs, seine gänzliche Hoffnungslosigkeit erklärlich. Dazu paßt auch die Meldung, daß Kyros schon überall als Sieger ausgerufen wurde. Der König faßte erst wieder Mut, sagt Ktesias, als er sah, daß sich Truppen um ihn sammelten (Art. 13); er glaubte sich also schon von allen verlassen. Diese 70 000 Mann waren die Trümmer der Truppenteile, die man, weil ihre Führer zuverlässig waren, den Kyreern entgegenstellte; diese führte der König in das Lager. Die anderen Heerführer sind nach Kyros' Fall wahrscheinlich abmarschiert und haben sich wie Ariaios mit ihren Truppen in einiger Entfernung gelagert. Ihnen wurden dann, wie dem Ariaios, goldene Brücken gebaut.[1]) Dann hat man, um die gefährlichsten Elemente zu isolieren, sie so schnell wie möglich getrennt und den Reuigen vielleicht Gelegenheit gegeben, das Geschehene wieder gut zu machen, in aufständischen Gebieten die Ruhe herzustellen. Deshalb wahrscheinlich waren die großen Massen, die bei Kunaxa aufmarschierten, bei der Verfolgung der Griechen spurlos verschwunden.[2])

Als Kyros von Susa abreiste, mögen die ersten Knoten dieses Netzes schon geknüpft gewesen sein. Wie emsig daran

---

[1]) Deshalb führte vielleicht bald nach der Schlacht Orontes, der Satrap von Armenien, eine Tochter des Königs als Gattin mit sich. II, 4, 8.

[2]) Daß die Griechen von diesen Dingen etwas wußten, zeigt die Befürchtung jenes Soldaten (II, 4, 3) und der Ausspruch des Isokrates. Es ist auffällig, daß unsere Quellen nicht mehr darüber bringen. Ktesias sagt freilich, daß Kyros im Reiche eine Partei hatte und daß es Leute gab, die in ihm alles Heil sahen (Art. 6). Wenn Photios in seinem sehr kurzen Auszuge jenes Wort — Viele gingen vom Könige zu Kyros über, aber keiner von Kyros zum Könige — bringt, dann muß es doch als bezeichnend für die Lage der Dinge erschienen sein. Es ist aber fraglich, ob Ktesias die ganze Sachlage überblicken konnte. An die große Glocke wird man diese Dinge nicht gebracht haben, und Ktesias kann bei seiner Neigung für den kleinen Klatsch und antiquarische Dinge die größeren Züge seiner Zeit übersehen haben. Was in der Schlacht vorging, konnte er bei der Ausdehnung des Schlachtfeldes wohl überhaupt nicht beurteilen, und Meldungen, die dem Könige vor seiner Verwundung zugingen, hat er schwerlich gehört. Daß diese Ereignisse Xenophon nicht unbekannt waren, zeigt II, 4, 3. Ob er über diese wichtigen Dinge hinwegging, weil er den Hinaufmarsch überhaupt kurz behandelte, oder ob er diese Vorgänge als genügend bekannt voraussetzte, sei dahingestellt.

weiter gearbeitet wurde, zeigt der Erfolg, und daß es keine Verräter gab, die Bestürzung, welche die Nachricht vom Aufbruch des Kyros in Susa hervorrief. Durch diese Tatsache wird Cousins Ansicht, daß der König schon zwei Jahre früher über die Absichten des Kyros unterrichtet war, widerlegt.[1]) Tissaphernes ist jedesfalls auf der Lauer gewesen, aber seine Spione scheinen ihn doch nicht so gut bedient zu haben, wie Cousin glaubt (S. 87). Erst als Kyros aufbrach, unternahm Tissaphernes jenen Distanzritt, — wohl die bedeutendste militärische Leistung seines Lebens — zu welchem ihn die Notwendigkeit zwang. Die langen Pausen, die Kyros auf seinem Marsche machte, gaben jenem einen großen Vorsprung. Kyros hat wohl Nachrichten von seinen Parteigängern abgewartet;[2]) daß er sich — wie Cousin (S. 51 f.) will — der Epyaxa wegen 20 Tage in Tarsos aufhielt, kann man im Ernst doch nicht annehmen.

Daß die kilikischen Pässe und die syrischen Pforten ihm nicht verschlossen sein würden, wußte Kyros wohl, und wenn

---

[1]) Cousin (S. 64 ff.) glaubt, gestützt auf Corn. Nepos Alcibiades 9 und Diodor XIV, 11 und 22, daß Alkibiades schon die Pläne des Kyros durchschaut hätte und dem Könige melden wollte. Pharnabazos, der das Geheimnis kannte, hätte ihn ermorden lassen und den König durch Eilboten von den Rüstungen des Kyros benachrichtigt. Wenn Pharnabazos wirklich eine solche Botschaft nach Susa sandte, hat sie, wie der Verlauf der Dinge zeigt, keinen Glauben gefunden. Von wem konnte Ephoros diese Erzählung haben? Von Ktesias? Am persischen Hofe wußte man nicht, daß Pharnabazos seinen Gewährsmann deshalb umbrachte. Das blieb ein Geheimnis für alle Welt. Höchstens konnten Freunde des Alkibiades — wenn es wirklich Pharnabazos war, der seinen Tod veranlaßte — auf die Ursache schließen, vorausgesetzt, daß Alkibiades sein Geheimnis ihnen mitgeteilt hatte. Weshalb sollte Pharnabazos ihn aber töten lassen? Einen Gewährsmann mußte er doch haben und mit seinem Eilboten kam er jedem zuvor. Der griechische Flüchtling konnte, wenn seine Nachricht nicht mehr den Reiz der Neuheit hatte, in Susa auf keinen Erfolg rechnen. Eher hatte Pharnabazos Grund, Alkibiades aus dem Wege zu räumen, wenn er seinen Boten an Kyros senden wollte. Von allen Lesarten über Alkibiades' Tod hat diese am wenigsten Wahrscheinlichkeit.

[2]) Xenophon faßt die räumliche Ausdehnung Persiens als einen Vorteil für den Angreifer auf (I, 5, 9). Dagegen wendet Treuenfeld ein, daß man später zur entgegengesetzten Ansicht gekommen sei und verweist auf Napoleon in Rußland. Wenn ein fremder Eroberer in ein Land von ausgesprochen nationaler und religiöser Eigenart eindringt, ist es doch etwas anderes, als wenn ein Mitglied des Herrscherhauses, auf Reichsvasallen und Würdenträger gestützt, Ansprüche auf den Thron geltend macht. Hier wäre der von Clausewitz als stärkste Kampfesform gerühmte „Rückzug in das Innere des Landes" ein schwerer Fehler gewesen. Hätte der König den Gegner gar in der Persis erwartet, so wäre das feindliche Heer wie eine Lawine angewachsen.

der Wasserstand des Euphrat nicht ungewöhnlich niedrig gewesen wäre, hätte Abrokomas die Schiffe wahrscheinlich nicht verbrannt. Aber der Euphrat senkte seine Wasser vor dem neuen Herrn.[1]

Der Verfasser der „Bataille de Cunaxa" (S. 30) ist der Ansicht, daß Kyros den Aufklärungsdienst mangelhaft gehandhabt hätte. Indessen scheinen die Kyreer kaum eine Stunde gebraucht zu haben, um kampfbereit zu sein; denn um die Mitte des Tages schauten sie schon erwartungsvoll nach dem Feinde aus (I, 8, 8). Kyros selbst mag durch die Nachricht von dem Anrücken des Feindes weniger überrascht gewesen sein als seine Truppen.[2] Da er fortwährend Nachrichten aus dem feindlichen Lager erhielt (Art. 7), — diese Angabe hat Ktesias wohl von Klearch — so durften seine Söldner vielleicht nicht eher etwas von dem bevorstehenden Kampfe wissen, als bis der Feind da war.

Ein genialer Soldat ist Kyros jedesfalls gewesen; wie richtig er die Griechen beurteilt hatte, zeigte sich am Tage der Schlacht. Er mag, als er die unaufhaltsam vorgehende Phalanx sah, der Krieger gedacht haben, mit denen der kleine König von Anšan den medischen Großkönig besiegte. In dem ungewöhnlich starken Aufgebot von leichtem Fußvolk sieht Rüstow eine verständige Vorsorge des Kyros.[3] Da Kyros mit der kleinen, ausgezeichneten Schar den Hauptstoß gegen den Feind zu führen gedachte, so lag es ihm daran, diese antiken Landsknechte an sich zu fesseln. Deshalb machte er den Hinaufmarsch mit den Griechen zusammen. An militärischer Einsicht war er Klearch sicher überlegen, schon weil die Kriegskunst im Orient auf höherer Stufe stand. Hätte Klearch dem Befehl des Kyros gehorcht und das Zentrum der königlichen Armee angegriffen, so wäre Kyros als Sieger in Babylon eingezogen.

Cousin (53, 318 u. ö.) hält den Zug des Kyros für ein von vornherein verfehltes Unternehmen, für den Versuch eines von Größen-

---

[1] I, 4, 18; Griechen und Perser zeigen hier den altindogermanischen Glauben an die weissagende Kraft des Wassers.

[2] In der Kyrupädie (VI, 3, 2 und 5 ff.) betont Xenophon, daß der große Kyros dem Aufklärungsdienst besondere Aufmerksamkeit zuwandte. Da der jüngere Kyros das Vorbild seines Helden war, so hat er schwerlich an dem einen gerühmt, was er an dem andern vermißte.

[3] Rüstow und Köchly, Griechisches Kriegswesen. S. 153.

wahn getriebenen Knaben, mit einer Bande fremder Abenteurer und einem ihm gezwungen folgenden Heere ein festgefügtes, national einheitliches Weltreich und eine gut disziplinierte und geführte, an Zahl gewaltig überlegene Armee anzugreifen. Allein die einfache Tatsache, daß Kyros bis unter die Mauern von Babylon vorgedrungen ist und den König verwundet vom Pferde geworfen hat, zeigt, daß der Zug des Kyros ein Unternehmen von genialer Kühnheit war, welches nur durch einen Zufall scheiterte.

Daß dieser durch Kyros' leichtsinnige Tapferkeit herbeigeführt wurde, war schon Klearchs Ansicht. — Κύρου ἀπειθοῦντος Κλεάρχῳ — und ihm haben sich alle späteren Kritiker angeschlossen. Allein im Altertum galt für den Feldherrn die Vorschrift, sich der unmittelbaren Gefahr nicht auszusetzen, noch nicht; Alexander der Große durfte noch persönliche Tapferkeit zeigen. Der Reiterangriff, welchen Kyros auf das feindliche Zentrum machte, war infolge von Klearchs Vorgehen eine taktische Notwendigkeit. Als er den Mann, von dessen Besiegung für ihn alles Heil abhing, plötzlich vor sich sah, war es selbstverständlich, daß er diese Gunst des Zufalls benutzte, um so mehr, als der König auch seinerseits auf ihn zusprengte. Hier ist Ktesias Augenzeuge. Daß er dann, nachdem der König verwundet vom Pferde stürzte, rücksichtslos gegen diejenigen vorging, die ihm den Gegner entziehen wollten, war die notwendige Folge von dem, was vorangegangen war. Kyros handelte unter dem Zwange der entstehenden Verhältnisse.

Eine kriegerische Tat wird nach dem Erfolg beurteilt; hätte Kyros' Speer den König so gut getroffen wie den Artagerses, so wäre die Frage, ob er unbesonnen und tollkühn gehandelt hat, in der Geschichte überhaupt nicht aufgeworfen worden.

Namenverzeichnis.

Abel-Winckler 12, 47
Abrokomas 62, 74, 77
Achämeniden 12, 70
Aelian 67, 69
Agesilaos 24, 44, 51, 69, 72
Alexander der Große 19, 21, 48, 72, 78
Alkibiades 63, 76
„Anabasis" 1, 2, 3, 7, 16 u. ö.
Anonymus 31, 33
Anšan 47, 77
Arbakes 18, 74
Ariaios 2, 7, 20, 23 f, 30, 37 f, 41 ff u. ö.
Arier 46
Armenien 7
Arrian 6
Artagerses 48, 87
Artapates 38
Artasyras 40, 42
Artaxerxes 10, 12, 13, 20, 64 ff. u. ö.
Aspasia 5, 67 ff, 71
Assyrien 20, 27, 44, 61 u. ö.
Athen 7
Atossa 13
Auramazda 62, 71

Bang 62
Babylon 2, 9, 12, 20, 62 u. ö.
Barthold 55
„Bataille de Cunaxa, La" 17, 26, 32, 45, 77 u. ö.
Bêl 12, 62
Beloch 47
Billerbeck, A. 19, 20, 46, 47
Breitenbach 9

Cannae 29
„Chaerea et Callirrhoe" 26
Chariton 26
Cheirisophos 5, 9
Clausewitz 76
Cousin 5, 7, 26, 28, 40, 44, 51 ff., 59, 65 ff, 71 f. u. ö.
Curtius 1

Damaskus 27
Dareios I. 13, 46, 62
Dareios II. 12, 13, 61, 72
Deinon 37
Delbrück 26, 59
Demaratos 10, 13
Diodor 5, 8, 11, 15, 28, 32, 37 ff., 71 u. ö.
Dion 57
Droysen 1
Duris 62
Dürrbach 3, 5, 7, 8, 9, 53 u. ö.

Ekbatana 26, 28, 50 f
Elam 13, 20
Epaminondas 59
Ephoros 6, 11, 15, 16, 32, 41, 76
Epyaxa 15, 19, 21, 28, 76
Euphrat 20, 32, 40, 42, 58, 77

Friedrich 15, 27, 30, 32, 37, 71

Geierstele 46
Gobryas 18
Goltz, von der 18, 22, 26, 49, 59
Griechenland 19, 22, 71
Grote 1, 57

Hammurabi 61
Hansen 5, 54
Hartmann 3
Herodot 13, 21
Hilprecht 61
Holländer 15, 17, 19, 32, 58

Indien 71
Isokrates 6, 11, 54, 72, 74
Justin 15, 16

Kambyses 12, 62
Kämmel 1, 2, 15, 16, 33, 35, 37, 39 ff.
Karduchen 6
Kentrites 6
Kilikien 15, 20, 50, 74
Klearch 2, 4, 6, 8, 15, 32, 44, 56 ff u. ö.
Kleinasien 71
Korinth 58

Korylas 18, 20
Krumbholz 1, 4, 9, 10, 12 ff.
Ktesias 1, 4, 10 ff, 17, 28 ff., 33 ff, 64 u. ö.
Kunaxa 4, 23, 29, 44, 50, 58 u. ö.
Kyros, der ältere, 21, 22, 46, 57, 62
Kyros, der jüngere, 2, 4, 7, 10 ff., 18 ff. u. ö.
„Kyrupädie" 9, 26, 27, 46, 77 u. ö.

Layard 20, 27, 46
Leist 63
Leuktra 28
Lutib 20
Lysander 9, 10, 62, 69, 71

Mahaffy 53, 72
Mangelsdorf 39, 58
Makronen 6
Medien 44
Memnonion 20
Menon 5
Meyer, E. 17, 24, 25
Mithridates, Offizier des Königs, 35, 37, 38
Mithridates, Offizier des Kyros, 52
Mittelmeer 48, 71
Monolithinschrift 27
Moltke, von 28
Mossynoiken 6

Nabu-na'id 47
Namar 50
Nebukadnezar I. 50
Neuhaus 1, 4, 9, 15, 16, 69
Nikolai 57, 71
Ninua 20, 48
Nöldecke 11, 69

Obelisk 27
Orient, der alte, 61, 62
Orontes, Offizier des Kyros, 2, 63, 73
Orontes, Satrap von Armenien, 75

Paphlagonien 18, 20, 50
Parysatis 10, 14, 37, 64 ff, 72 f
Pategyas 2, 52
Peiser, F. E. 12
Peloponnesischer Krieg 54, 59
Persien 7, 13, 45, 48, 55 u. ö.
Persischer Golf 48, 71
Phalinos 14
Pharnabazos 24, 70, 71, 76 u. ö.
Photios 1, 5, 10, 11, 15, 69, 75
Plato 57

Plutarch 1, 5, 11, 14, 36, 67 ff., 71 ff u. ö.
Polyainos 21
Pompejus Trogus 1, 15
Proxenos 53

Rawlinson 27, 50
Reuss 1, 3, 4, 5, 16, 39
Ritti-Marduk 50
Rohrbach 27
Rom 47
Rüstow 17, 57, 77

Sachau 27
Salmanassar II. 20, 27
Samsi-adad III. 20
Sardes 28, 63, 73
Sarzec, E. de 19
Sâsâniden 11
Schneider 27
Schottin 12
Schrader 12
Schrader, O. 12
Schröder 53, 61, 63
Schwarzes Meer 9, 54, 55
Smith 13, 16
Sokrates 7, 62
Sophainetos 15
Sparta 69, 72
Stateira 14, 65 ff, 72
Susa 7, 10, 20, 30, 66 ff. u. ö.
Syrakus 57
Syrien 71

Taochen 56
Tarsos 76
Thraker 53
Themistogenes 3
Thukydides 70
Tiglat-pileser I. 20
Tissaphernes 2, 18, 24, 33, 41, 50 ff. u. ö.
Tithraustes 63
Trapezunt 3
Treuenfeld, von 3, 17, 33, 76

Vansee 48
Vollbrecht 15, 33, 34

Weber 17, 21 ff, 27 ff.
Weißbach 62
Winckler 7, 48, 61

Xenophon 1, 3, 8, 10, 12, 17, 33 u. ö.
Xerxes 10, 13, 22

www.ingramcontent.com/pod-product-compliance
Lightning Source LLC
Chambersburg PA
CBHW030123240426
43673CB00041B/1380